CEO의 책상

박수진
권구만
두민철
정대홍
권상재

CEO의 책상

박수진 권구만 두민철 정대홍 권상재

이익을 거둘 희망이 없다면
상인은 장사를 하지 않는다
좋은 희망을 품는 것이
바로 그것을 이룰 수 있는 지름길이다

프롤로그

나의 변화와 도전

박수진

  이번 출판을 통해 처음으로 지금까지 지나온 나의 인생을 찬찬히 돌아보는 시간을 가졌다. 항상 바쁘게 쫓기듯 살아내고 있던 내 삶에 가슴 짠한 모성애가 생겨났다.

  이상하리 만큼 희비가 교차되는 감정이다. 한길만 걸어온 내 삶을 때로는 힘들고 때로는 행복했던 추억들을 회상하며 써내려간 글들이 내 스스로의 위안으로 남길 바란다. 디자이너에서 브랜딩 전문가로 자부심을 갖도록 항상 공부하고 노력하고 시도했던 날들이 자랑스럽게 느껴지는 동기부여도 되는 시간이었다.

  항상 곁에서 응원하고 지지해주는 가족들이 있었고 나의 역사속에서 여러 지인분들이 늘 함께했다는 걸 이제야 가슴깊이 깨달았다. 모든 지인분들에게도 너무나 큰 감사를 고백하게 되는 좋은 기회가 되었다. 더 많은 이야기와 생각들을 담고 싶었지만 지면이 허락될 때 이어가고자 한다. 나의 변화와 도전은 계속될 것이다.

독서로 근력을 키웠던 시절

권구만

밤낮을 가리지 않고 열심히 일했지만 경제적으로 정서적으로 손에 잡히는 게 없다. 도대체 무엇이 잘못된 걸까? 누구나 눈앞의 현실과 생각 사이의 간극이 존재한다는 사실에 힘들어 한다.

그 간극을 줄이는 방법으로 나는 독서를 선택했고, 독서를 통해 생각을 넓혀왔고 사업을 이끌어갔다. 독서를 통해 생각하는 힘을 길렀고 통찰력을 키웠다. 그러나 무언가 부족했다.

어느 날 깨달았다. 생각을 글로 표현 못하면 그건 완전한 내 생각이 아니라는 것을, 그래서 책 출판에 도전했다. 나도 인생의 정답은 모른다. 정답은 사실 자신만이 찾을 수 있다. 어느 분야에서 성공했다고 하면 대단한 동기가 있을 것 같지만 놀랍게도 그 순간은 생각보다 거창하지 않은 경우가 대부분이다. 나 자신도 많이 부족하지만 이 책이 누군가에게 새로운 계기가 되길 바란다.

성찰의 시간이 되었다

두민철

책을 쓴다니 가당치 않다고 생각했다. 내놓을 만한 성과도, 드라마틱한 인생 스토리도 없기 때문이다. 하지만 한 번쯤은 스스로를 돌아보고 싶었다. 잘 산다는 건 무엇인지, 나는 잘 살고 있는지. 무엇보다도 앞으로 잘 살기 위해서는 성찰의 과정이 있어야 한다는 생각에 도전하게 됐다. 돌이켜보니 그래도 나름 크고 작은 역경을 잘 견뎌온 것 같다. 그 힘이 나의 현재와 미래를 살게 하는 바탕이 되었다.

6개월 동안 고락을 함께한 네 분의 저자와 지나온 반백 년을 반추할 소중한 기회를 주신 유정숙 편집장님께 감사드린다.

지혜를 얻는 데 보탬이 되길

정대홍

어린시절에 너무나 소심하고 내성적이라 집안 어른들이 '저렇게 숫기가 없어 나중에 무엇을 하겠나?' 라고 걱정이 많았다.

그런데 살아오면서 자신의 삶을 바꿀 수 있었던 몇번의 계기가 있었다. 그 중에서 직장생활과 창업을 통해 얻은 경험과 수많은 사람들과의 인연과 관계를 통해 인사이트를 얻을 수 있었다.

사람은 관계를 통해 서로서로 진화하고 발전한다. 따라서 인생은 누구를 만나고 함께하느냐에 따라 영향을 받고 운명이 달라질 수 있다. 그런 면에서 부족함이 많은 저로서는 운이 좋았다.

세상이 많이 변한 탓에 내 삶의 이야기가 요즘 세대에는 와닿지 않을 수 있다. 하지만 누군가의 스토리를 통해 세상을 살아가는 지혜를 얻는 데 조그마한 보탬이 되었으면 하는 바램이다.

늘 기회는 다시 찾아온다

권상재

하루하루 죽고싶다는 생각을 하던 게 엊그제 같은데 오늘은 즐겁게 최선을 다해 일하고 있다. 특별한 재능이 없으니 노력해야 했고 뛰어난 머리가 없으니 몸이 고생한다.

거짓말을 하면 안되니 신뢰를 지켜야 했고 가진 걸 다 잃고 나니 사람이 남았다. 50대가 되었지만 아직은 젊다고 생각하고 기회가 왔으니 또 다시 도전한다.

목차

Part 1. 브랜딩 --- 박수진
_____브랜드로 브랜딩하라 / 12

    단 하나의 브랜드가 되기 위한 노력
    좋은 브랜딩을 기획하고 계속적으로 실행하라
    브랜딩 디렉터로서의 가치를 만들어가는 사람
    누군가의 마음속에 방점 하나는 남겨라

Part 2. 셰프 --- 권구만
_____오너 셰프에게 길을 묻는다 / 64

    '셰프'와 '오너'의 차이를 경험하다
    가치를 만들어가는 오너가 되고 싶다
    좋은 기업을 넘어 위대한 기업으로
    공부하는 CEO의 행복한 경영

Part 3. 색채 --- 두민철
_____K-Color로 세계화의 문을 열다 / 108

    '컨텐츠'는 창의력과 상상력이 더해져야 한다
    퍼스널컬러 컨텐츠로 글로벌 K-컬러를 꿈꾼다
    컬러 주도 K-Beauty를 꿈꾸다
    나를 발견하고 나로 살아가는 것이 행복

Part 4. 영업 --- 정대홍
_____영업은 기술이 아니라 예술이다 / 168

    영업은 기업의 꽃이다
    창업, 운명이었을까?
    좌절을 이겨내는 힘은 어디에서 오는가
    자기 인생을 명작으로 그려라

Part 5. 유통 --- 권상재
_____공학도가 찾은 미래
      축산업으로 세상을 꿈꾼다 / 222

    축산업에 뛰어든 공학도
    기업인의 삶을 시작하다
    성실한 삶은 또 다른 기회를 얻는다
    현재 나에게 가장 중요한 것들

CEO의 책상

Part 1.
브랜드로 브랜딩하라

박수진

대학에서 산업디자인을 전공하고 첫직장을 최초의 24시간 편의점 CVS(Con-venience Store) 세븐일레븐에 입사하여 유통전문 디자이너로서 디자이너의 삶을 시작했다. IMF 때 과감하게 창업을 시작하여 프랜차이즈 전문 디자인 회사로자리매김해 나갔고 크고 작은 국내외 브랜드들의 런칭을 도왔다. 현재는 22년차 브랜드 디자인 전문회사를 운영 중이며 500개가 넘는 브랜드를 개발하고 관리하는 개발서비스에 주력 하고 있다.

단 하나의 브랜드가 되기 위한 노력

1980년대 국내 최초 편의점 브랜드인 〈세븐일레븐〉은 ㈜코리아세븐이 미국의 사우스랜드사로부터 한국 독점권을 받아 수입한 CVS(Convenience Store) 최초의 프랜차이즈 브랜드였다. 1년 365일 24시간 영업을 한다는 건 전력 공급 문제부터 그 당시 유통시장의 흐름을 바꾼 파격적인 매장 타입이었다.

〈세븐일레븐〉은 바로 내 인생 첫 직장이었다. 이곳에서 내가 맡은 업무는 브랜드 본질의 아이덴티티에 맞춰 전국 매장마다 일관성있게 노출시키는 일로 주로 판촉행사를 통해서 프로모션 기획 및 홍보물디자인을 하는 것이다.

프랜차이즈(Franchise)란 상호, 상표, 특허, 노하우를 가진 가맹본부가 계약을 통해 가맹점에게 해당 지역 내에서의 독점적 영업권을 주는 대신 가맹본부가 취급하는 메뉴와 식재료, 광고, 인테리어, 서비스 등을 직접 구성하고 관리함은 물론 교육 지원, 경영 지원, 판촉 지원 등 각종 경영에 대한 노하우를 제공하는 것을 뜻한다. 그 당시

1940년대　　1950년대~60년대　　1960년대~2000년대　　1980년대~ 현재

이미지 출처 : http://www.cspdailynews.com/print/csp-magazine/article/grand-opening-7-eleven-stores-magnificent-7-slideshow

〈세븐일레븐〉은 세계 최초의 편의점 브랜드로서 공식적으로는 '7-Eleven'이라고 명기했다.

〈세븐일레븐〉은 1927년 미국 텍사스주 댈러스에 설립된 사우스랜드제빙회사(Southland Ice Company)가 모체이다. 초기에는 회사 이름대로 얼음을 주로 판매했는데 오전 7시부터 밤 11시까지 영업하는 시간적 이점을 이용하여 빵이나 우유 등 간단한 식품을 추가로 판매하기 시작하여 그렇게 편의점으로 발전했다. 당시만 해도 전례가 없는 영업 시간이라 화제가 되었으며 1946년부터 상호명을 영업시간에서 차용한 〈세븐일레븐〉으로 변경하였다.

68년의 전통과 노하우를 가진 회사의 브랜드 가이드를 배우는 건 나에게 큰 행운이었다. ㈜코리아세븐의 대표는 당시 기억으로 30대 중후반쯤의 젊은 분으로 미국 유학시절 007가방 하나 들고 학생 신분으로 미국 본사와 맞짱 떠서 독점 계약을 따낸 히스토리가 무용담으로 전해졌었다.

그때 배운 매장 브랜드 관리 노하우는 디자이너로서의 외길을 걷는 데 큰 자양분이 되었다. 각 부서마다 미국의 메뉴얼은 매우섬세했다. 디자인 부서 운영 메뉴얼 중에서도 미국 본사에서 파견 나와 있던 매니저가 지속적으로 가이드를 해주었다. 한 가지 예를 들면 가격 할인 포스터의 경우 할인 전과 후의 가격표 크기와 칼라가 화살표 도형과 위치, 기울기 등 매출에 미치는 영향이 데이터 수치로 나와 있었고 숫자가 한 포인트 차이 날 때마다 실험을 거쳐 결과를 도출하고 적용하는 과정을 보면서 60년이 넘는 경험과 메뉴얼로 인해 가능한 것이 아닌가 하는 생각을 하게 되었다.

㈜수앤진컴퍼니의 브랜드 슬로건 "디자인은 아트가 아니다. 전략을 시각화하는 것이다. 디자인은 곧 세일즈다" 회사의 방향성은 이론이 아니라 철저히 현실에 입각한 브랜드이어야 한다는 메시지를 강조한 것이다.

기업 대표들은 제품을 개발하면 그 다음 관심사가 판매다. 그만큼 브랜드 개발은 구축하는 전 과정에서 상품의 판매를 염두해둬야 한다는 뜻이다. 생산되는 제품에 이름을 붙이고 이름에 어울리는 로고를 입히고 로고와 제품의 특징을 잘 매칭하여 패키지를 기획하고 생산한다. 패키지는 제품의 매출을 올리는 데 그 역할을 수행한다. 광고나 홍보를 통해서 지속적으로 노출할 때 고객의 충성도가 쌓이고 메니아층이 형성되면서 브랜드 가치는 상승한다.

〈세븐일레븐〉에 입사할 때 미술 실기 테스트가 '우리동네에 24시간 운영하는 편의점이 오픈한다면 어떻게 홍보할 것인가?'를 주제로 1시간 안에 홍보 전단을 완성하는 것이었다. 도화지에 밑그림을 그리고 채색까지 끝내면 창의력과 디자인 테크닉을 보고 평가하는 심사였다.

수십명이 모였고 단 한명만 뽑는 자리에서 당당히 합격했고 최종 면접까지 통과하였다. 지금 생각해도 내 아이디어가 참신했던 것 같다. 디자인의 스토리를 살짝 공개하면 늦은 밤 신혼부부가 침대에 누워 대화하는 장면이다. 이불 밖으로 남녀의 발바닥만 노출시키고 아내가 남편의 발을 살살 긁는 이미지를 담백하게 표현했다.

"여보~ 내가 지금 호빵이 너무 먹고 싶은데… 사다주면 좋겠어."

"나야 자기를 위해 그러고는 싶은데 이 시간에 살 데가 어딨겠어? 미안해."

"응, 그런 매장이 생겼어. 24시간 문을 여는 편의점이래. 이제 24시간 아무 때나 살 수 있어. 사다줄 거지? 사랑해 ~"

㈜코리아세븐 본사가 혜화동 대학로에 위치해 있어서 나의 직장생활은 더욱 윤택하고 풍요로웠다. 젊음과 문화예술의 메카 대학로는 소극장이 많아서 퇴근 후에 연극공연도 보고 트랜디한 브랜드 매장들이 많아 쇼핑거리들이 널려 있었다. 특히 해외 디자인 관련 미술, 패션 서적을 대여·판매하는 서점을 단골로 정해 놓고 수시로

매일 방문해서 자료를 입수하곤 하였다. 지금은 인터넷의 발달로 전 세계의 자료들을 언제 어디서나 편리하게 서치하지만 90년대만 해도 서적을 통해서만 수집이 가능했다.

물론 지금처럼 해외여행도 자유롭지 않아서 나로서는 미국 본사의 디자인 메뉴얼을 교육받고 습득할 수 있던 〈세븐일레븐〉은 정말 훌륭한 기업이었다.

코리아세븐은 미국의 기업문화에 영향을 받았으나 그래도 전형적인 한국 회사의 조직문화는 어쩔 수 없었던 것 같다. 지금은 사라진 조직문화겠으나 꼰대 소리를 듣던 나이대의 상사라면 충분히 공감할 것 같다. 입사해서 가장 먼저 배운 것이 부장님은 2 2 1, 차장님은 1 2 1, 실장님은 1 1 1 암호 같은 숫자를 컵마다 메모해 놓고 매일 똑같은 커피맛을 내려고 노력했다.

지금 생각해보면 상상도 할 수 없는 환경인데 '피할 수 없다면 즐겨라' 라는 생각으로 이왕 상사에게 서비스하는 거 내가 탄 커피가 세상에서 가장 맛있다는 칭찬을 듣고싶었다.

우리 부서 전직원의 커피 담당자로 나섰으니 매일 아침마다 제일 먼저 출근해서 각자의 입맛대로 모닝커피를 서비스 했다. 그 소문은 타부서 임원들까지 퍼졌고 초긍정 디자이너로 인정받아서 타부서와 업무 협의를 위해 미팅을 하거나 서류 컨펌을 받을 때마다 부서 선배들은 나를 앞세우곤 했다.

20대의 첫 디자인 정의는 세일즈 마케팅

〈세븐일레븐〉 압구정점은 현대백화점 본점 앞에 있었다. 그 당시 매출도 높고 위치도 매우 좋았다. 압구정점에 발령 받은 출근 첫날은 매장 대청소로 바닥 청소와 화장실 청소로 업무를 시작했다.

모두 모인 자리에서 점장님은 대뜸 엄포를 놓으셨다. "본사 직원은 짧은 시간 동안 더 제대로 가르칠 겁니다." 디자인팀에서 시작된 커피 타기 미션과는 다르게 그 수위가 비교도 안될 만큼 분위기에 압도되어 몸이 바짝 얼어붙고 말았다.

디자이너로서 소비자가 구매 전환율을 높이기 위해 어떤 지원을 해야 할지 매장 안을 체크하는 게 내 주업무로 아는데 출근한 지 한 달이 다 되어가도 포스터는 만져보지도 못하고 매장 구석구석 쓸고 닦고 통유리창 청소까지 청소 영역만 늘어났다.

당연히 매장은 늘 청결하고 유리창은 24시간 훤해야 하며 상품은 항상 제 위치에 진열되어 있어야 한다.

편의점의 생명인 쇼케이스 내 수납도 미리미리 잘 채워져 있어야 한다. 매장 직원이라면 누군가는 해야 하는 매장 운영의 기본적인 업무이다. 내가 고객이라도 관리가 잘 되어 있어야 〈세븐일레븐〉 편의점의 이용고객이 될 것이다.

2개월쯤 되자 포스도 척척 찍고 고객과 눈도 마주치며 자연스럽게 프로모션 제품의 유도판매도 수월해져갔다. 3개월째쯤 되니 자연스럽게 고객의 시선도 따라잡게 되고 어떤 제품을 구매하는지 어떤 제품이 인기 종목인지 또한 어떤 홍보물에 반응을 보이는지 어디에 부착된 제품 포스터를 더 잘 인식하는지 현장에서 일어나는 고객 니즈를 관찰되었다.

과거에는 이렇게 고객의 소비 행태를 파악하기 위해 매장 내부에서 직접 관찰하는 방법이 일반적이었으나 지금은 고객의 소비 행태를 추적, 분석하여 가능한 온라인과 오프라인 상에서의 행태 분석, 인공지능과 빅데이터를 활용한 분석 등 다양한 방법으로 고객의 소비 행태를 파악한다.

프랜차이즈의 기본원칙 중 '본사는 매장의 모든 것을 지원한다'가 있다. 프랜차이즈 업종의 기본은 매장에서 매출이 오르도록 마케팅 지원에 집중해야 한다. 처음엔 이해를 잘 못한 채 3개월 OJT 기간을 보냈는데 본사에 복귀한 후 디자인 실무를 하면서 이 과정의 중요성을 알게 되었다.

디자인에 있어서도 세일즈 마케팅은 중요한 요소 중의 하나이다. 디자인물을 통해 브랜드의 가치와 이미지를 전달하고, 소비자들의 니즈를 파악하여 그에 맞는 디자인을 제공함으로써 세일즈를 증대시키는 것이다. 결국 디자인은 기업의 매출 증가에 중요한 수단이 된다.

유통 프랜차이즈 본사의 마케팅 부서 디자이너로서 내가 하던 일은 매월 시즌별 행사와 이벤트를 기획하고 실행하는 일이다. 적성에도 무척 잘 맞아서 이런 다양한 업무 환경은 힘들기보다 즐거웠다.

그 당시 데이트할 때조차도 미리 업무상 방문이 필요한 이벤트 장소를 찾아가 주말을 보내곤 했다. 그때는 핸드폰이 출시되지 않았을 때고 '삐삐'라는 호출기를 사용하던 때. 암호처럼 8253(빨리오삼) 8282(빨리빨리) 3535(사모사모) 등 숫자를 조립해서 신호로 주고 받는 것이 유행이었다. 네비게이션이 없어서 매번 낯선 장소를 갈 때면 미리 지도를 출력해가거나 전국도로 지도책을 뒤지면서 옆자석에 앉은 내가 좌회전, 우회전, 몇번 국도 등등을 외치며 인간 네비 역할을 맡았다.

내가 지금까지 경험에서 얻은 브랜드의 정의는 기업이나 제품이 전달하고자 하는 가치, 미션, 비전 등을 표현하는 중요한 수단이다. 그렇다고 브랜드를 단순히 수익 창출을 위한 도구로만 삼는 것은 위험하다.

브랜드 디자인과 홍보물은 제품과 브랜드의 가치를 전달하고 소비자들과의 신뢰 관계를 형성하는 데 큰 역할을 한다. 이를 염두에 두고 브랜드 디자인과 홍보물을 제작하면, 브랜드의 가치와 이미지를 전달하고, 긍정적인 브랜드 이미지를 형성하는 데 도움이 될 것이다.

제대로 사기당하고 단단해진 나

결혼 이후 내 힘으로 받은 첫 오더는 하필이면 사기 당한 채 미수로 남고 말았다. S공영방송국 피디 출신 모대표가 신규프랜차이즈 사업을 한다며 매장 브랜드개발 작업을 의뢰했다. 내 힘으로 받은 첫 번째 오더라는 기쁨에 정작 계약서도 안 쓰고 계약금도 한푼 안 받고 업무를 추진했다.

당시 첫아이가 임신 중인데도 만족스런 결과를 내기 위해 무수하게 밤을 지새우며 작업했다. 피로감이 쌓이다보니 배도 많이 뭉치고 컨디션까지 떨어져 체력의 한계가 느껴질 지경이었으나 결과물의 만족감을 기대하며 피로감도 한순간에 날려보냈다. 그런데 이게 웬일인가? 대표는 개인적인 사정을 들먹이며 차일피일 대금 지불을 미루더니 급기야는 전화도 받지 않고 잠수를 타버린 것이다. 말로만 듣던 사기를 내가 당한 것이다. 배신감을 넘어 이대로 끝내기에는 내 자존심이 허락되지 않았다. 야심차게 홀로서기를 시작한 창업 새내기에겐 너무 비참한 상황이었다.

4개월쯤 지나자 몸은 점점 만삭이 되어가는데 분노의 감정들은 정제되지 않고 계속 타올라 가슴속까지 새까맣게 타들어갔다. 태교는 커녕 뱃속의 아이한테 미안해졌다. 남편은 그냥 털어버리고 잊는 편이 좋겠다고 나를 설득했지만 쉽게 포기가 되지 않았다.

내 사정을 누구보다 잘 아는 단짝친구에게 도움을 요청하고 별별 방법을 동원하여 업체 대표를 카페로 불러내는 데 성공했다. 영화 속 장면처럼 몰래 녹취펜으로 대화 내용을 녹음했다. 심장은 벌렁거리고 다리는 후둘후둘 떨리고 몸은 얼어붙었다. 완벽하게 증거물을 확보한 뒤 그날 바로 경찰서에 가서 고소장을 접수했다.

사실상 작정하고 사기친 사기꾼은 이길 재간이 없었다. 소송이 진행되어도 본인 명의의 재산은 아예 제로 상태일테니 결국 한푼도 못 받고 두눈 뜨고 당한 꼴이 되고 말 것이 뻔했다.

그후에도 20년 넘게 사업을 해오면서 상상도 못할 예측불허의 사기도 당했지만 세상 물정 모르던 때 당한 그 경험은 사람에 대한 믿음과 신뢰가 근본적으로 흔들리는 문제였다.

제발 특히나 사회초년생들을 상대로 그들을 이용하거나 어른답지 못한 나쁜 행동을 하지 않기 바란다. 그들에겐 이 시기의 경험들이 세상을 살아가는 큰 힘도 좌절도 될 수 있기 때문이다.

큰딸 민형이의 첫 책 『어쩌면 그건 하이라이트』

홍익대학에서 예술경영을 전공하는 큰 딸 아이는 친구들과 독립 출판사를 내고 그동안에 쓴 에세이를 묶어 생애 첫 책 『어쩌면 그건 하이라이트』를 펴냈다. 책을 읽는 내내 큰딸의 감성코드가 친할머니에게서 영향을 받았다는걸 확실히 알게 되었다. 꽤 많은 분량에 할머니와의 추억이 담겨 있었다.

『"아주 어릴 적, 원래는 할머니가 나의 소설책 공급처였다. 할머니 방에서 신경숙의 『외딴방』을 읽던 기억이 난다. 할머니 책을 읽을 때는 항상 할머니 방에 있었다. 그게 마치 규칙인 것처럼. 방 밖으로 책을 가지고 나가지 않고 꼭 방 안에서만 책을 읽고 책을 반납했다. 할머니 책은 다른 책들과는 달리 종이가 누런색이었다. 그리고 중간 중간 한자가 출몰했으며 희한한 맞춤법이 눈에 띄기도 했다. 그래서 보물같았다. 보물을 구경할 순 있어도 가지고 나갈 수는 없다는 감각이 어린 아이에게 심어졌었는지도 몰랐다."』『어쩌면 그건 하이라이트』

위의 문단을 보면서 가슴 한켠이 먹먹했다. 내가 없던 빈 자리에 항상 할머니가 계셨고 또한 할머니가 아끼던 책장의 수많은 소설들을 읽으면서 어릴 적부터 감성의 깊이가 더해졌겠구나 생각하니 대견했다. 그 당시 나는 시어머니는 왜 이렇게 누렇게 발색된 오래된 책들을 안치우실까 이해가 안되었는데 그책들을 보물로 생각한 딸아이에게는 삶의 자양분이 되었던 것 같다.

아이는 학년 초부터 아트인사이트(Portal ArtInsight)에 에디터로 선발되어 1년 정도 칼럼을 기고했다. 아트인사이트는 한국의 주요 미술관과 전시장에서 열리는 전시회 정보를 제공하며, 전시회 관련 기사와 전시 작가 인터뷰, 리뷰 등 다양한 미술 정보를 제공하는 포털 웹사이트이다. 학업 중에 매주 한 편씩 기고하는 일은 매우 큰 노력이 필요했을 것이다. 여기에 그치지 않고 경험을 되살려 새로운 비지니스모델을 기획했고 독자가 원하는 작가들의 글을 매일 메일로 보내주는 〈메일링크〉라는 앱을 개발했다.

독자는 양질의 글을 선별하기 어렵고 작가는 나를 찾아주는 독자를 만나기 어려우니 이를 연결해주어 예술시장을 대중화시켜주는 우리나라 예술계에 선한 영향력을 미치는 프로그램이다. 앱 개발을 마친 개발자는 〈메일링크〉를 포토폴리오 삼아서 IT 기업에 입사했다.

우리의 가장 큰 약점은 포기하는 것에 있다
가장 확실한 방법은 계속해서 시도하는 것이다
- 토마스 에디슨 -

좋은 브랜딩을 기획하고
계속적으로 실행하라

　IMF외환위기 사태는 1997년 7월 태국에서 발생한 금융위기가 전세계로 확산되면서 한국을 비롯한 아시아 국가들도 영향을 받게 되었다. 한국은 자금난으로 인해 IMF에 의한 긴급 구호를 받았고, 국내 대기업과 은행들은 줄줄이 파산과 부도가 잇따르며 대규모 실업 사태까지 이어졌다. 이 사태는 한국 경제의 근간을 흔들었고 국내외 경제 구조의 변화를 불러일으켰다.
　결혼 전에 근무했던 ㈜코리아세븐은 ㈜롯데그룹이 인수했고 ㈜진로유통은 ㈜진로가 부도나면서 모든 계열사가 법정관리에 들어갔다. 이 혼돈의 경제 위기에도 불구하고 내가 사업을 결심할 수 있었던 용기는 '디자이너'보다는 '기획자'로 마케팅 개념을 이해하고 프로젝트를 폭넓게 수행했던 경험들, 능동적인 생각과 태도가 기반이 되었기 때문이다.

막상 의욕은 넘치는데 어디 가서 어떻게 영업을 해야 할지 막막하고 걱정만 앞섰다. 대기업들이 추풍낙엽처럼 무너져내리고, 40대의 실력자들조차도 그룹 내에서 명퇴자로 분류되었다. 정부는 실업 대란이라는 사회적 잇슈가 가시화되자 구제 대안책을 내놓았다. 창업자 지원금과 기술 지원 등의 다양한 지원정책을 마련했고 창업 활성화 촉진 방안으로 대학과 교육기관은 창업교육 프로그램을 개설했다. 이러한 정책은 퇴직자 뿐만 아니라 청년 창업가들에게도 기회로 다가왔다.

그 당시 한국생산성본부와 한국능률협회가 앞다투어 창업 과정 프로그램을 개강했다. 그때 커리큘럼 개발에 참여한 분 중의 한 분이 과거 직장 상사였던 이상윤 교수님이었다. 퇴직 후에 박사학위를 취득하고 경영학 교수가 되셔서 기업가들의 역량강화에 힘쓰고 계셨다.

이 교수님은 나의 디자인 실무 경험과 프랜차이즈 매장에 대한 높은 이해도, 창업 브랜딩과 인테리어 디자인 등 다양한 이력을 기반으로 나를 강사로 추천해주셨다. 강의를 하면 내 인지도도 높아질테고 초기 사업자로서 영업의 발판을 삼을 수도 있겠다는 판단이 섰다. 그렇게 IMF로 엄혹한 시절 나는 창업브랜딩 강사로 강단에 서게 되었다.

그 해 잘 알려진 중견급 기업에서 기업로고개발(CI)을 의뢰받아 회장님 이하 10여 명의 임원진들을 모시고 프리젠테이션을 했는데 그동안의 강의 스킬을 발휘하여 안정감있고 편안한 피티를 진행할 수 있었다.

브랜드 개발 과정에서 프리젠테이션이 일의 절반이라고 볼 수 있다. 특히 기업로고(CI)는 기업의 철학과 비전을 바탕으로 이미지가 만들어지므로 의뢰자도 방향성을 결정하는 데 있어 전문가에게 의존할 수밖에 없고 이에 전문가인 개발자가 얼마나 자신감 있게 피력하느냐가 성공적인 결과를 내는 데 관건이 된다.

생산성 본부에서의 강의 경험은 창업 시기에 좋은 광고주들을 영입할 수 있는 통로가 되었다.

나만의 독창성으로 인연을 만들자

'프랜차이즈 컨설팅' 1세대라고 할 수 있는 이형석 대표님이 협업을 제한했다. 이 프로젝트는 해외에서 한국으로 진출하는 프랜차이즈 본사의 '한국지사'의 일인데 우리 회사는 그 본사의 신규브랜드 개발 업무를 맡았다.

그 브랜드는 덴마크 핫도그 브랜드 '유니스테프 핫도그'였다. 해외에서 키오스크 매대 형태로 운영되던 핫도그 매장인데 한국에서는 맥도날드 햄버거처럼 홀매장으로 만들어 새로운 패스트푸드의 시대를 열겠다는 목표를 갖고 있었다. 당시만해도 햄버거, 치킨, 피자 브랜드가 최강이라 핫도그라는 낯선 아이템으로 경쟁을 시작한 것이다. 이 브랜드 기획은 각 분야의 패스트푸드 본사 경험자들이 모인 어벤저스급 팀이었다. 운좋게 우리 회사도 함께 할 수 있게 되어 나에게는 정말 큰 행운이 찾아온 것이다.

프랜차이즈 본사 복진영 대표님과 임직원분들, 나에게 이 제안을 해주셨던 프랜차이즈 컨설팅 회사의 이형석 대표님 모두 이 프로젝트 속에서 만났고 인생에서 고마운 분들이다.

유니스테프 핫도그 매장은 놀이동산이나 유원지, 스키장 등 로드샵과 키오스크를 같이 운영할 수 있는 특정 장소들을 1차 상권으로 선택했다. 오픈 시기가 되면 현장 작업이 많아 가끔 주말에 출근할 때면 남편이 어린 딸을 데리고 와서 일하는 모습도 지켜보며 함께 시식도 했다.

프랜차이즈 본사 직원으로 몸담고 일할 때와 대행사 대표로 일할 때는 책임감부터 입장 차이가 클 수밖에 없다. 하루하루 선배들을 통해서 프랜차이즈 업무를 하나씩 더 숙지하고 어려운 상황들을 극복해 나가면서 성장해 나갈 수 있었다.

어느날 일간신문 《조선일보》에서 전면 특집 기획으로 '잘 나가는 여성 CEO' 시리즈 인물로 선정되어 인터뷰 요청을 받았다. 일간지의 효력은 기대 이상이었다. 기사가 노출되면서 그 기사를 통해서 광고주를 영입하게 되는 선순환이 이어졌다.

정말 "헉, 어떻게 이런 일이!!" 신문 기사의 위력을 실감했다.

그때 모 기업의 회장님이 직접 전화를 주셨는데 첫 미팅 때 왠지 어려 보이면 촛자처럼 보일까싶어 마치 영화 〈악마는 프라다를 입는다〉의 주인공 미란다처럼 디자인 회사 대표로서 멋지게 보이려고 밤새 옷 때문에 고민을 했다. 결국 정장차림에 롱 바바리코트를 걸쳐 입고 일단 연륜이나 좀 있어 보이게 차려 입었다.

이때 만난 대표님은 커널스팝콘이라는 캐나다 브랜드를 한국에 수입하여 팝콘유통과 제조를 동시에 진행하고 계셨다. 전국의 극장과 놀이동산 등에 팝업스토어를 만들어 확대시키는 키오스크 프랜차이즈도 기획 중이셨다.

스테프 핫도그 프랜차이즈를 해본 경험이 있어서 수앤진의 역량을 제대로 보여줄 자신감 있는 아이템이었다.

나의 기량을 마음껏 펼칠 수 있는 기회가 다시 한번 찾아왔고 김 대표님과의 인연은 그 이후로도 10년 가까이 이어졌다. 사회생활에서 인연은 매우 중요하다. 한번 만난 소중한 인연을 유지하고 발전시키는 것은 새로운 기회를 만들어내는 통로가 된다.

"인연은 마치 미로처럼 얽혀있지만
결국에는 운명적으로
하나로 연결되어 있다."

광고주와 관계형성은 언제든지 중요하다

　대기업 식품사업부의 커피프랜차이즈 브랜드 〈엔제리너스커피〉의 디자인개발에 참여했다. 작지만 소소한 패키지부터 크게는 광고 인쇄물까지, 맡은 일마다 작은 성과들을 보여주자 담당 부서의 팀원들이 수앤진의 실력을 높이 평가해주었다.
　이러한 성과는 롯데 외식사업부에서 진행한 입찰에 선정되면서 당당히 연간계약을 따내는 쾌거로 이어졌다. 업무량이 늘 때마다 직원 숫자도 늘어났고 대기업의 성장을 돕는 브랜딩 파트너가 되었다는 데 매우 기쁘고 뿌듯했다.
　광고주에게 우리가 제공하는 디자인 서비스를 인정받았다는 것은 우리 회사가 제공하는 서비스의 질과 고객 만족도가 높다는 평가다.
　세상일이 결코 그냥 얻어지는 법은 없다. 성과 유지를 위해 새로운 트렌드나 요구사항에 민감하게 대응하면서 고객들의 의견을 수렴하고 디자인을 개선해 나갔고 경쟁사를 연구하고 차별적인 브랜딩을 찾아가는 데 도전을 멈추지 않았다.
　나를 비롯하여 7명의 직원들은 열린 마음으로 매사에 능동적으로 움직였다. 그러나 과도한 업무량과 크리에이티브에 대한 강박감은 스트레스로 이어져 디자이너들마다 1년을 넘기지 못하고 퇴사가 이어졌다.

어느 해인가 롯데시네마를 운영하는 롯데엔터테인먼트사에서 롯데그룹 계열사 디자인 업체들에게도 모두 입찰에 참여할 수 있는 기회가 주어졌다.

크리에이티브한 광고포스터 블라인드 심사와 1년간 가격 제안까지 정성적, 정량적 평가를 받아야 한다. 그 당시 적은 직원수로 운영되다보니 사실상 기존 업무를 처리하는 데만도 급급한데다 직원들이 약간씩 매너리즘에 빠져 굳이 신규 개척에 대한 절실함도 높지 않았다.

당장 이 입찰을 진행하려면 디자이너들 마음에 동기부여부터 이끌어 내야만 했다. 나는 우리 디자인 팀장과 이 문제를 진지하게 의논했고 흔쾌히 '해보자' 라는 결론을 얻어냈다. 직원들은 모두 바쁜 일정에도 다양한 아이디어를 내놓았고 즐겁게 프리젠테이션을 준비했다. 이번 입찰은 블라인드 심사라 우리가 선정된다면 최고의 실력을 갖춘 브랜딩 전문 기업으로 다시 한번 인정받는 계기가 되는 것이다.

노력은 헛되지 않았고 간절히 바랬던 결과는 '수앤진이 1등 선정' 이라는 선물로 돌아왔다. 수앤진이 한층 더 도약하는 중요한 기점을 맞이한 것이다.

롯데시네마는 전국에 극장 70개가 운영되며 매달 프로모션 이벤트가 진행되었다. 그 당시에 롯데시네마와 CGV는 라이벌 구도가 형성되어 늘 어느 쪽이 더 빅 이벤트를 선사할지 기대될 만큼 극장계의 양대 산맥이었다.

시네마의 디자인 업무는 엔터테이먼트라 특성상 늘 새로운 기획력이 요구된다. 디자이너라면 누구나 해보고 싶은 흥미로운 분야다. 3년 동안 매년 입찰에 성공하여 꾸준히 시네마 본사 일을 수행하는 큰 경험을 갖게 되었다.

롯데시네마 신규점 오픈이벤트건을 작업하면서 지금 생각해도 식겁했던 에피소드가 있다. 한참 스크래치 쿠폰 경품행사가 유행할 때였는데 제작사 실수로 행사 기간이 잘못 표기되어 일주일이나 행사가 연장되면서 경품을 추가 지급해야 하는 문제가 발생한 것이다.

숫자 하나가 이렇게 큰 문제를 몰고 올 줄 몰랐다. 이런 경우는 제작사 실수로 패널티를 물어도 할 말은 없는데 천만다행이도 롯데시네마측에서 행사 기간을 수정 공지하며 여러 번 사과공문을 올리면서 이 사태를 무사히 수습해 주었다. 만약에 경품 비용을 모두 패널티로 배상한다면 우리 회사는 당장 문을 닫아야 하는 위기 상황이었다.

그때 롯데측의 결정을 기다리던 며칠간은 노심초사, 아직도 그때 생각만 하면 놀란 가슴을 쓸어내린다. 롯데시네마 신규점 입장에서는 고객들에게 신뢰를 잃는 불편한 상황임에도 파트너의 입장을 먼저 배려해준 고마운 결정이었다. 그 이후에도 롯데와 수앤진은 10년 이상 파트너로 업무를 진행했다.

디자이너의 가치를 보장해주는 브랜딩 회사로

결혼 전 7년 정도 직장생활을 했지만 막상 창업 시장에 뛰어들면서 닥치는 대로 실무를 하다보니 순서도 없고 체계도 없이 업무를 마감하는 데만 급급했다.

늘 나의 경영 방식의 문제점을 알면서도 남편 유학 뒷바라지까지 하다보니 나까지 공부를 한다는 것은 엄두가 나지 않았다. 해를 거듭할수록 풀리지 않는 숙제 같은 조직관리 문제에 봉착했고 주변에 자문을 받아보면 결국 '경영'을 제대로 공부해보라는 공통적인 조언이었다. 디자이너 마인드의 한계를 넘기 위해 뒤늦게 경영 MBA 과정을 배워보기로 마음먹고 모대학의 석사과정에 입학했다.

경영수업은 그동안 내 틀 안에 갇혀있던 좁은 시야를 열어주었고 경영의 목적과 조직의 리더쉽이 갖는 중요한 가치를 스스로 체계화시켜보았다.

경영이란 단순히 수익 창출을 넘어 조직 구성원들의 역량을 향상시켜 기여도를 높이도록 이끄는 것이다.

또한, 경영자는 구성원들의 역량과 능력을 파악하고 성장 발전할 수 있는 환경을 먼저 제공해야 한다.

구성원들은 조직의 목표 달성을 위해 노력해야 한다.

디자이너들의 과도한 업무량과 스트레스는 장기 근속이 어렵다는 결론이다. 조직 내에서 업무 분담이나 리소스 관리의 한계성의 문제다. 이러한 문제는 조직 내의 의사소통이나 리더십 부재 그리고 충분한 인력 확보와 교육이 이루어지지 않은 점 등등의 여러 가지 이유를 들 수 있었다.

디자인 회사의 업무 스타일이 고객의 요구를 맞추는 데 과도하게 치우치다보니 담당자들의 업무 스트레스가 과다한 편이다.

디자이너들의 건강과 복지, 안정적인 사회생활이 철저히 보장되어야 한다는 게 20년 가까이 디자인 회사를 꾸려온 나름의 복지 철학이다.

조직관리의 한계를 느끼고 있다면 인력 확보와 교육에 더욱 집중하여 디자이너들이 충분한 역량을 발휘하고 자신감을 갖고 일할 수 있도록 환경 조성에 높은 관심을 가져야 한다.

브랜딩 디렉터로서의
가치를 만들어가는 사람

　정부 기관 업무가 늘어나면서 2014년 법인으로 전환하며 '사명'에 대한 고민이 생겼다. 10년 전만 해도 나도 30대 초반에 업무 스케일도 크지 않아서 '그림쟁이'라는 회사명이 괜찮았데 좀 가볍게 느껴졌다. 장장 6개월간 고민해도 '이거다' 싶은 사명을 찾지 못했다. 내 브랜드를 개발하는 일이 쉽지 않았다.
　그 당시 친정어머니가 다니던 절의 주지스님이 내 이름 '수진'이 회사와 궁합이 잘 맞는다는 한마디에 착안하여 영어로 만들어 세련미 있게 완성시켰다.
　㈜수앤진컴퍼니는 영어로 SOO&JIN COMPANY인데 SOOJIN 사이 &을 넣어 발음도 용이하도록 만들어냈다. 여기에 하나 더 브랜딩을 위한 재해석으로 '수'에 '엔진'을 단다는 슬로건으로 기업의 비전을 나타내었고 ㈜수앤진컴퍼니는 핵심경영파트너임을 강조

했다. 기업 상호 중에 대표들의 이름으로 브랜딩하는 경우도 꽤나 많은데 아무래도 스스로 더 큰 자긍심과 책임감을 느끼게 하는 장점이 있다.

코로나 펜데믹 이후 가장 큰 변화 중의 하나가 어느 정도는 비대면 운영이 가능한 시대가 되었다는 점이다. 특히 사무실 위치가 중요하여 강남이나 특정 지역에 꼭 있어야만 했던 대행사들도 위치에 구애받지 않고 줌미팅만으로 소통을 이어갔다.

우리 회사는 정부 기관의 수행사로서 업무 비중이 점점 높아지면서 각종 마케팅 지원 사업에 정부 지원을 받는 수혜 기업들과 만나게 되었다. 기업 로고 개발, 브랜드 개발, 패키지 개발, 홈페이지 개발 등의 디자인 개발을 주력으로 지원하였고 지원 사업의 경우는 대부분 제조업 기반의 지원이 많아서 자연스럽게 각종 제조생산기업들과 많이 만나게 되었다.

내가 주시한 곳은 성남시 상대원동 산업 단지였다. 판교에서 서울 간 거리만큼 성남도 서울이 근접해 있고 각종 제조생산업체가 다양하게 함께 있는 곳이다.

특히 성남시 산업진흥공단이 경기혁신센타를 신규지식센타 안에 입주시킨다는 정보를 알고 그 지식센타로 분양을 받아 입주하면서 새로운 도약의 시기를 맞이했다.

남편의 퍼스널 브랜딩 찾아주기

2002년 월드컵 4강 신화는 전세계에 대한민국의 저력을 다시 한 번 확인시켰다. 전 국민이 붉은 악마로 하나가 되어 흥분이 채 가라앉지 않았을 때 우리 가족은 새로운 도약을 위한 비장한 결심을 하게 되었다.

"자기야 ~ 물어보고 싶은 게 있어. 만약에 우리의 식량 곳간에 맛있는 곶감이 조금밖에 남아 있지 않다면 음… 일단 그걸 계속 먹는 게 맞을까? 곶감을 다시 충분히 채운 뒤에 먹는 게 맞을까?"

잠자리에 누운 남편의 느닷없는 질문에 나는 한치의 망설임도 없이 바로 대답했다.

"당연히 다시 채운 후에 천천히 계속 먹는 게 좋겠지."

신랑은 천천히 다음 말을 이어갔다.

"요즘 내가 진지하게 고민하는 게 있어. 지금은 안정적으로 직장생활을 잘 하고 있지만 왠지 장기적으로 보면 전공도 전향하고 실력도 더 갖춰서 해외 IT기업으로 가야 될 것 같아. MBA대학원 공부를 하고 다시 재취업이 가능한 나이를 계산해보니 지금이 가장 적절한 타이밍이야."

남편은 지금이라도 MBA경영 석사를 해서 IT업계 마케팅 분야로 진로를 바꾸고 싶다고 했다. 유학 가서 영어까지 해결된다면 더할 나위 없는 전략이었다. 5분 정도 고민했을까? 바로 남편의 뜻에 동의했고 다음날 서점에 가서 MBA라고 적힌 제목의 책들을 이것저것 골라서 신랑에게 선물했다. 그때 실수로 잘못 딸려온 NBA 농구 관련 책이 있었는데 웃지 못할 헤프닝이다.

양가 부모님에게 전혀 의존하지 않고 우리끼리 해나가야 할 형편이라 일단 입학금과 등록금은 아파트 담보 대출로 마련하고 이후 우리집 생활비와 아이들 양육비, 남편 기숙사비와 현지생활비까지 아무리 계산기를 두드려도 답이 보이지 않았다. 하루아침에 소녀 가장이 되어버린 것이다. 유학 떠난 남편은 곁에 없고 시댁에서 시부모님과 어린 두 딸, 아직 미혼인 시누이까지 전부 내 몫이었다. 다행히 시부모님이 아이들을 전담해서 돌봐주기로 하셨고 남편을 대신해서 나는 가족 모두의 생계를 책임지기로 결심했다.

'그림쟁이'를 창업한 지 얼마되지 않았을 때라 낮에는 영업사원으로, 밤에는 디자이너로 밤늦게까지 컴퓨터 앞에 앉아서 디자인 실무를 했다. 어떤 날은 밤새 갓난아이를 등에 업고 동동구르며 하얗게 밤을 지새우기도 했다.

생활비를 아무리 최소화해도 매월 지출되는 고정비는 만만치 않았다. 사업 초기라 고정수익이 보장된 것도 아니고 적자인 달은 신용카드 대출을 받아서 메꿔나갔다. 남편도 생활비를 절약하기 위해 중국음식을 포장해오면 좀 더 넉넉히 주니까 그것을 두끼로 나눠 먹으며 식비를 아꼈다고 한다.

다행히도 그 당시 롯데그룹 엔제리너스 커피사업부의 프랜차이즈 일을 고정으로 담당하게 되면서 어느 정도 매월 고정 매출이 나왔다. 덕분에 회사를 운영해 나가면서 가사도 잘 꾸려나갔고 남편도 무사히 공부를 마치고 돌아왔다.

"여보, 며칠이라도 쉬었다가 출근하지 왜이렇게 하루도 안쉬고 나가. 힘들텐데…."
"그동안 자기 고생시킨 걸 생각하면 하루도 쉴 수 없지. 빨리 돈 모아서 그동안 빚진 거 모두 갚고 다시 걱정없이 살게 해줄게."

학업을 마치고 한국에 돌아온 다음날부터 하루도 쉬지 않고 바로 D사에 첫 출근했다. 힘들었던 지난 날의 기억을 한순간에 잊게 해주었다.
남편은 진심으로 나에게 고마워했다. 결국 그때 얻은 기회를 자신의 것으로 만들어냈고 지금은 세계 IT업계 1위 기업에 다니면서 그 누구보다 승승장구하며 자신의 능력을 발휘하고 있다.
살면서 우리는 끊임없이 크고 작은 선택의 기로에 놓인다. 학창시절에는 진로를 정하고 사회에 나와서는 평생 직업을 정한다. 결혼 적령기에는 미래를 함께 할 배우자를 선택한다. 부부가 되어 인생을 함께하면서 같이 선택해야 하는 일들은 점점 더 많아진다. 내가 아닌 가족을 위해서 우선시 되는 것들이 많아지고 그 속에서 더 큰 행복을 찾게 되기도 한다.

내가 선택한 인생의 동반자는 책임이 따른다. 부부란 서로를 지지하고 배려하는 관계를 유지하면서 가정을 꾸려나가야 한다. 서로의 생각과 의견을 존중하고 대화를 나누며 함께 성장하는 게 이상적인 관계다.

부부는 서로의 삶을 더욱 풍요롭고 의미있게 만들어 주는 가장 소중한 존재이다. 우리 부부는 서로의 선택을 존중하면서 그 선택이 옳았음을 증명해 보이기 위해 최선을 다하고 있다.

브랜딩 디렉터로서의 내 역할은

사업의 성공 기준은 사람마다 다르다. 단순히 매출 대비 수익성을 기준으로 할지, 아니면 시장 점유율을 통한 회사 규모로 할지 말이다. 물론 브랜드 인지도를 올리는 데 초점을 두는 등, 다양한 목표를 가지고 기업을 꾸려간다. 단지 외형만으로 기준한다면 나는 분명 성공한 사업가는 아니다.

목표한 만큼 100프로 달성한 해가 없었고 마음처럼 직원들에게 복지나 보상을 제대로 해준 적은 더욱 없었다.

몇해 전 모르는 대학원생에게 연락이 왔다. 박사 논문을 준비하는데 설문 인터뷰에 응해달라는 요청이었다. 디자인을 전공한 산업디자인 업계에 성공한 여성 대표를 설문조사하는 데 내가 그 대상이라는 것이다. 유선으로 인터뷰 요청을 해왔지만 나는 바쁜 일정에도 불구하고 흔쾌히 방문 인터뷰에 응했다.

꽃다발을 들고 해맑게 웃는 표정이 왠지 친근했다. 그 나이 때에 설레임과 호기심으로 사업을 시작했던 내 모습과 교차되면서 마음이 훈훈해졌다.

"여성 대표로서 사업하는 데 가장 어려운 부분은 무엇인가요?"
"디자인 업계에서 성공 가능성을 어떻게 보시는지요?"
"이렇게 장기적으로 사업을 운영해온 노하우는 무엇일까요?"
등등 신기하다는 듯 많은 질문들을 쏟아냈다.

대학원에 재학 중이며 해외에서 프리랜서로 제품디자인을 해오고 있다면서 졸업하는 대로 한국에서 회사를 직접 운영할 계획을 갖고 있었다. 대학원 논문 주제도 "디자이너 출신의 여성 대표가 성공할 확률"이었다. 디자인 회사를 얼마나 잘 운영할 수 있을까에 대한 다소 독특한 논문 주제였다.

디자인 업계 각 분야마다 인터넷에서 회사들을 뒤지면서 여성대표 리스트를 발췌했고 일일이 전화로 인터뷰를 요청했지만 다들 쉽게 응해주지 않았는데 내가 유일하게 인터뷰에 응답해준 대표라면서 감사의 뜻을 전했다. 그때 나와의 인터뷰를 통해 자신감을 얻고 다시 용기를 낼 수 있었다고 고백하는데 나는 오히려 그녀를 통해서 새로운 인사이트를 얻었고 이처럼 세상으로 첫 출발을 내딛는 후배들을 적극적으로 도와야겠다고 작은 결심을 하게 되었다.

전국에 청년창업사관학교를 통해 배출되는 청년사업가들이 상당히 많다.

매년 대한민국 전역에서 우수한 인재들을 선발하여 창업실무교육을 지원하는데 이들은 대학교 졸업반 때부터 교내 창업을 준비하는 케이스가 많고 예비창업지원이나 국가지원을 통해서 평균적으로 안정적으로 창업을 시작한다.

대학생 때부터 멘토링을 해준 청년 창업가 중에 현재 우리 회사보다 매출 규모도 크고 다양한 기업의 브랜딩을 해주는 멋진 회사로 성장한 케이스들도 종종 있다.

내가 좋아하는 말 중에 "귀인이 되면 귀인이 온다"라는 격언이 있다. 꽃다발을 한아름 들고 찾아온 그 여학생에게도 나의 인터뷰를 통해 가능성의 불씨를 지펴줄 수 있었고 또한 대학생 청년창업가에게 '요청의 힘'을 얘기하고 실행하게 도움을 준 적이 있다. 그 놀라운 요청의 힘으로 그 친구는 지금 몇십억의 매출을 내는 당당한 스타트업으로 발돋음 했다.

우리는 누구나 다양한 모습으로 상대에게 귀인이 되어줄 수 있고 나 또한 귀인을 만나게 될 수도 있다. 그런 의미에서 꼭 소개하고 싶은 창업가가 있다.

'우리온, 통일의 징검다리' 비영리 재단 수장인 박대현 대표는 탈북민 청년이다. 처음 박대표를 만났을 때 한국 청년 목사와 탈북 청년 2명, 이렇게 3명의 맴버로 구성된 창업 기업으로서 홈페이지 제작 지원 사업에 선정되어 그 당시 우리 회사가 홈페이지를 개발해 주게 되었다. 이렇게 만나게 된 그들과 함께 일하는 과정에서 알게 된 창업 동기는 상당히 놀라웠고 그 절실함이 남달랐다.

탈북한 청년들이 소통의 부재로 외로움을 견디지 못해 자살하는 일이 많고 탈북청년들끼리 소통하고 함께 힘이 되어줄 커뮤니티를 만드는 것이 시작이었고 이제는 지속적으로 성장하여 북한이탈주민들이 정착 과정에서 겪게 되는 어려움을 해결하는 온라인 플랫폼 기반의 NGO로 우뚝서게 되었다.

나는 그해 박대표와 그 뜻을 함께하기로 결심하고 8년이 지난 지금까지 "사단법인 통일의징검다리 우리온"의 이사회 임원으로서 지속적으로 후원하면서 그들의 횡보를 지지하고 참여 중이다.

이런 청년 창업 지원 못지 않게 정부가 신경을 쓰고 있는 파트가 취약 계층을 대변하는 사회적 기업이나 소상공인 협동조합들이다. 사회적 기업의 경우 장애인 고용 환경을 강화하고 친환경이나 재활용을 주제로한 아이템들의 취급이 많은 편인데 이런 기업들의 대표님들을 만나서 일을 하다 보면 내 자신이 사업을 하는 목적이 부끄러울 정도로 숙연해진다.

광주에 있는 장애인사업장인 엠마우스 일터는 국내산 농산물을 100% 이용하여 건강한 참기름, 들기름, 들깨, 콩나물, 두부, 도토리묵 등을 직접 생산하는 곳인데 지적장애인에게 안정된 직업 생활을 통해 가치 있는 사회참여와 인간다운 삶을 살아가도록 돕는 것에 주 목적을 두고 있다.

사실 코로나 직격탄을 맞아 기존 매출이 계속 하락세라 이제 온라인 판매를 강화해야 하는 문제에 봉착했고 온라인 판매를 위한 제반 준비가 절실했던 곳이다. 막상 멘토링을 통해 방법을 알려드린다 한들 실제 제작을 해야 하는 현실적인 문제가 있고 특히 브랜드, 마케팅 쪽으로는 예산 편성조차 안되는 상태라 원장님이 직접 사비를 따로 들여서 하시는 방법밖에 없었다고 했다.

매출이 잘 나와야 장애인복지도 유지할 수 있는데 기업을 어렵게 운영해 나가시는 모습이 너무 안타까웠다.

나는 디자인회사를 운영해서 단순히 돈을 버는 것만이 중요한 것이 아니라 내가 잘 할 수 있는 일들을 통해 진정 필요한 곳에 도움을 줄 수 있다면 이럴 때 역할을 해야 한다는 생각이 들었다.

그당시 광주에 사업장이 있던 최원장님께서는 서울 사무실까지 직접 찾아오셨다. 우리 장애우들이 일할 작업장 생존을 위해 장사가 잘되어야 한다며 진심으로 도움을 요청하셨다. 그 진정성 있고 인자한 모습이 아직도 내 마음속에 울림으로 남아 있다.

나도 바로 사업장을 직접 찾아가 전체적인 상황을 진단하고 꼭 필요한 부분에 도움을 드렸다.

디자인은 우리의 일상에 깊이 관여하고 있고 더 나은 세상을 만들기 위한 도구로서 기능하고 있다.

함께 성공을 경험하고 협력하는 것은 인간관계를 향상시키고 삶의 질을 높이는 데 중요한 역할을 한다. 이러한 관계는 서로의 성장과 발전을 촉진시키고 상호작용을 통해 삶을 더욱 풍요롭고 의미있게 만든다. 도전과 성취는 우리가 인생에서 느끼는 가장 큰 보상 중의 하나다.

새로운 것을 시도하고 어려움을 극복하는 것은 자신감과 성취감을 높이고 자신의 능력과 잠재력을 발휘하는 기회를 얻는 것이다.

이러한 이유들이 모여서 우리는 디자인을 통해 세상을 더 나은 곳으로 만들고 함께 일하는 이들과 동반 성장하며 도전과 성취를 경험하여 삶을 보다 의미있고 풍요롭게 만들어 간다.

누군가의 멘토가 된다는 것은 한 사람의 인생에 영향을 미치고 결국 하나의 끈으로 이어져 동행하게 되는 것이다.

우린 모두 최소 한 가지씩은
지혜를 나눌 만한
충분한 가치를 가지고 있다.

누군가의 마음 속에
방점 하나는 남겨라

    2019년 창업 시장에 진출하는 청년 사업가들에게 어떤 도움을 줄까 고민해 보았다. 그렇다고 자금 투입은 어렵고 브랜드디자인 개발을 필요로 하는 청년사업가에게 브랜드디자인 무상 지원에 방향을 잡고 창업스토리 공모전을 열었다.

    공정한 심사를 거쳐 1·2·3등을 선정했고 이천만 원 상당의 브랜드디자인 개발 지원으로 청년 창업을 도왔다. 공모전에 응모한 많은 청년 창업가들은 각각의 놀라운 히스토리를 갖고 있었고 이미 그 시절을 한참 지나온 나에겐 신선한 충격이었다.

    1등으로 선정된 창업가는 세종시에서 '비스트로세종'이라는 이탈리안 레스토랑과 '세종 예일맥주'를 자체 개발한 청년들이었는데 해외에서 다년간 실무를 쌓은 셰프 출신들과 마케팅을 전공한 선후배들이 한 팀이 된 조직이었다.

매장과 제품의 브랜딩을 동시에 개발하고 세종시에서도 눈여겨보던 청년들이었다. 턱없이 부족한 초기 사업자금에 디자인 개발 부분을 수앤진에서 지원받아 할 수 있게 됨으로서 계획된 일정에 맞춰 매장도 오픈하고 제품도 출시할 수 있었다.

2등, 3등은 지금 시대에 가장 트랜드 한 앱, 플랫폼 개발 업체였다. 두 기업 모두 대학 졸업반 때 창업을 시작했고 역량이 비슷한 친구들과 팀을 꾸려 앱 개발을 하고 있었다.

브랜드디자인 개발 지원을 통해 청년들의 창업에 성공을 도와준 것은 지금 생각해도 매우 의미있는 프로젝트였다. 이러한 지원이 자금 부족으로 인해 프로젝트가 미뤄지거나 원활하지 않을 때 실제로 아이디어를 실행할 수 있도록 돕는 역할을 했다는 것만으로도 큰 기쁨이었다.

청년 창업가로서 가장 중요한 것은 실패에 대한 두려움을 버리는 것이다. 성공은 실패의 연속이며 실패를 통해 배우고 성장한다. 또한 협력과 소통을 기반으로 동료들과 함께 고민하고 다른 기업가들과 교류하며 시장의 동향과 변화를 주시해보기를 권한다.

"고객을 위해 노력하라" 고객의 니즈와 요구에 충실한 제품과 서비스를 제공하면 고객과의 신뢰를 쌓을 수 있다. 그리고 그 신뢰를 바탕으로 기업의 지속적인 성장과 발전을 이루어낼 수 있을 것이다.

수앤진컴퍼니의 슬로건이 '디자인의 가치로 강력한 성장 엔진을 달아드립니다' 이다. 실제로 성공한 브랜드들을 보면 브랜딩이 완벽하게 되어 있고, 그러한 영향력은 사실상 99%를 넘어 100%에 달한다. 내가 생각하는 브랜드디자인의 역할은 '디자인은 아트가 아니다. 전략을 시각화하는 것이다' 란 말로 함축된다.

새해 초 《중부일보》에서 'CEO 메세지'를 주제로 인터뷰 요청을 받았다. 그때 질문 중에 '기업가로서 사회적 공헌에 대한 경영철학'을 물었다. 1분 정도 생각했을까? 나는 자신있게 대답했다.

"우리 기업이 가장 잘할 수 있는 방법으로 우리 일의 가치를 올리고 이를 사회적 책임감으로 임한다면 훌륭한 기업의 경영철학이 될 수 있지 않을까 생각합니다."

사실상 경영철학이라 하면 무척 거창해 보이지만 해를 거듭할수록 내가 내린 정의에 한겹씩 더 견고하게 세뇌되기도 하고 견디기 힘든 순간에 봉착하면 한없이 무너져내리기도 한다는 나약한 철학이 아닌가 하는 생각이 들기도 한다.

성공적인 브랜딩 결과물은 함께 만든다

이비안한의원 민예은 원장님은 병원 네이밍을 개명하면서 로고개발 건을 의뢰했다. 원장님은 이미 두 번씩이나 로고개발에 실패한 경험이 있어서 이번에 수앤진이 과연 병원의 이미지를 잘 담아낼지 기대반 걱정반이었다고 한다. 그런데 원장님은 첫 미팅에서 그동안의 걱정이 기우였다면서 두 번의 실패 원인을 찾았다고 기뻐했다. 원인은 먼 데 있지 않았다. 디자인개발 작업물이 맘에 들지 않았던 이유는 진솔한 소통이 없었기 때문이라는 것이다.

요즘은 개발디자이너와 의뢰자 간 대면 소통이 쉽지 않은 환경이다. 인터넷으로 용역 업체를 찾고 페이퍼만으로 개발의뢰를 하다보니 텍스트로 고객의 니즈를 유추해야 하는데 활자로 표현하는 데는 분명한 한계점이 있다. 반면 수앤진의 비즈니스 원칙은 대면소통이다. 충분한 니즈를 끌어내는 데는 얼굴과 얼굴을 맞대고 문제를 찾아보고 분석하는 것이 가장 효율적이며 최상의 방법이다.

원장님을 만나 이름을 바꾸려는 이유와 이름에 담긴 배경, 원하는 병원 이미지 등을 구체적으로 질문하면서 병원의 로고컨셉을 생각해보았다.

"이제야 비로소 안정을 찾다"

이비안 한의원 이비안은 한자로 '耳費案'이다. 즉 귀, 코, 안면(구안와사) 전문치료 한의원으로서 얼굴에 집중되는 전국 유일의 특화된 치료를 하고 있었다. 핵심분야가 전국 유일한 곳임을 알리고자 하는 것이었다.

명확한 고객 타킷팅, 단어의 의미와 유의적인 슬로건 해석까지

'이비안한의원'에서 추구하고자하는 미션과 가치가 잘 드러날 수 있는 네이밍이었다. 그 다음은 로고의 이미지화가 관건인데 원장님이 선호하는 로고의 형태는 분명했다.

"얼굴을 묘사하고 싶어요. 구안와사로 고통받는 환자들이 저를 통해 치료받고 회복된 후에 저를 바라보면서 감사의 마음을 담아 환하게 미소 짓는 그 얼굴요."

난감했다. 그 얼굴은 원장님만 아는데 어떻게 표현한단 말인가? 그것도 심벌마크로 말이다. 쉽지는 않으나 흥미로운 미션을 받아들고 고민했다.

인터넷으로 검색해서 찾을 수 있는 이미지도 아니고 고민 끝에 묘안이 떠올랐다. 우리가 공감하는 여러 미소가 연상되는 다양한 이미지들을 우선 발췌하여 보여드렸다.

미소라면 옛부터 다양한 사람들의 미소가 있지만 그중에서도 상징적인 모나리자의 미소나 한국적인 멋이 돋보이는 안동 하회탈의 미소, 그리고 한옥 기와지붕 끝에 수막새라고 하는 경주에서 발견된 신라의 미소로 유명한 수막새 조각의 미소가 있다. 원장님은 자료 사진들 중에 신라의 미소를 가리켰다.

"바로 이표정이에요. 제가 본 그 얼굴에서 나오던 미소와 가장 닮았어요."

강력한 힌트를 얻고 디자이너들이 아이디어 스케치를 시작했다. 이비안의 전문 분야 사람의 귀, 코, 안면이 다같이 표현되어야 한다.

기존 한의원으로는 칼라의 톤앤매너도 맞춰야 하고 한방의 느낌까지 표현되어야 한다.

어느 정도 개발된 시안을 좁히고 좁혀 하나의 로고가 완성됐고 현재 이비안 한의원을 표현해줄 로고가 탄생되었다.

개발 과정에 의뢰자의 방향 대로 맞춤개발이 됐을 때 희열감은 이루 말할 수 없다. 정확한 포지션을 잘 표현한 덕에 이비안 한의원만의 차별화된 전문성이 신뢰감으로 이어져 고객 매출 상승에도 큰 성과를 낼 수 있어서 개인적으로도 매우 기쁘고 뿌듯했던 개발 사례이다. 의료인으로서의 소명과 의술에 철학을 담아낸 브랜드! 이것이야말로 한 사람의 인생 스토리가 느껴지는 브랜드다.

많은 사연의 브랜드들이 탄생하지만 지금 소개하고자 하는 브랜드스토리는 이 시대 여성 대표들의 심정을 대변하는 공감대를 한껏 느끼면서 개발했던 케이스이다. 여기 또 하나의 인생 이모작 브랜드스토리를 소개한다.

내 인생의 롤 모델로 삼았던 안영미 대표님은 10년 전 갑자기 IT 사업을 정리하고 홀연히 부모님이 계시는 경기도 연천으로 들어가 우리 농산물 먹거리 바우처 사업을 기획하면서 귀농으로 인생 2막을 펼쳤다. 대표님은 10년의 세월을 고스란히 숙성시킨 장류(된장, 고추장, 간장) 개봉을 앞두고 있었다.

경제적으로 여성들도 남성들 못지 않게 더 왕성하게 사회생활을

하는 시대에 한 기업의 대표로서 큰 활약을 한다. 그러니 일반 주부들처럼 먹거리를 제대로 관리하며 살림하기는 쉽지 않다. 그래서 간편한 인스턴트 가공식품에 의존하게 되니 가족들에겐 늘 죄인이다.

브랜드를 의뢰한 안대표님도 그렇고 나 또한 마찬가지 입장이었다. 그래서 탄생하게 된 것이 안영미 대표가 수장인 안심촌농원의 '안심항아리' 브랜드이다.

1년 동안 매달 농촌먹거리를 직접 키운 배추로 만든 김치, 장독에 숙성되는 장류, 하루종일 정성으로 고아낸 배도라지즙 등등 매달 바우처로 운영하는 시스템이다. 나만의 된장독을 갖고 계속 숙성시키면서 필요할 때 퍼먹으면 되는 안심항아리 분양사업이다. 안심항아리 브랜드는 이름만 들어도 '안심하고 먹을 수 있는 먹거리' 가 연상되도록 단항아리 그림 안에 안심항아리라는 손글씨로 만들어 직접 만든다는 수제 느낌을 로고에도 듬뿍 담아내고자 하였다.

안심항아리 하면 안심과 건강을 상징하는 브랜드 이미지가 떠오른다. 그 항아리들이 이제 약속한 10년을 넘어 잘 숙성되었고 그 장류들은 이제 '안씨장' 이라는 특별한 씨앗장으로 재탄생되었다.

오랜 숙성 과정을 거쳐 탄생한 안씨장은 고품질의 발효식품으로 고객들이 안심하고 구매할 수 있는 브랜드로 자리 잡았다.

안심항아리 대표님은 농작물의 성장 과정을 소개하는 블로그 등을 활용하여 고객들에게 직접적인 인상을 줄 수 있는 마케팅 전략을 활용하였다.

농작물과 직접 연관성 있는 요리 레시피나 건강한 식습관 등을 고객들에게 꾸준히 제공하여 안심항아리 브랜드와 함께 건강하고 행복한 삶을 추구하는 라이프스타일 브랜드로 자리잡았다.

의뢰자의 미션을 충분히 담아 브랜드를 탄생시킬 때 마치 제 옷을 찾아주듯 안성맞춤처럼 주인과 꼭 어울리는 찰떡 같은 브랜드들을 만난다. 안심항아리가 그런 케이스이다.

앞으로 안심항아리 브랜드는 고객들이 더욱 건강하게 안심하고 먹을 수 있는 제품과 서비스를 제공하는 데 노력할 것이며 고객의 요구와 선호도를 파악하여 지속적으로 제품과 서비스를 개선해 나갈 것이다.

디자이너도 AI와 협력이 필요한 시대

세상은 온통 AI가 열풍이다. 글쓰기, 그림 그리기는 물론 업종 선택, 좋아하는 모양, 좋아하는 칼라, 좋아하는 서체 등 OX 게임하듯 YES, NO로 선택하다보면 도형 하나가 뚝딱 만들어진다.

AI가 로고를 만드는 것이 디자이너의 역할을 완전히 대체하는 것은 아니지만 디자이너에게 필요한 시간과 비용을 절감해줄 수는 있다. 그럼에도 불구하고 인간이 할 수밖에 없는 '소통'의 영역이 있기에 기업의 철학, 가치, 미래 비전 등을 대표와 직접 소통하여 만들어내는 측면에서 디자이너의 경험과 능력은 AI로 대체할 수 없다. 브랜드로고 개발은 디자인에 대한 창의적인 과정을 거쳐 기업의 아이덴티티를 창출하는 과정이기도 하다.

 AI가 하는 일과 디자이너가 하는 일은 서로 다른 부분이 분명히 존재한다. AI는 데이터와 알고리즘에 기반하여 빠르고 정확하게 작업을 수행하지만 디자이너는 창의적인 아이디어와 인간적인 감성, 경험 등을 활용하여 고객이나 시장의 니즈에 맞는 디자인을 개발한다. 또한 AI가 만든 디자인은 보통 표준화된 패턴이나 기존의 디자인을 참조한 결과물이 많다. 반면 디자이너는 기존에 없는 참신한 디자인을 만들어냄으로써 브랜드 가치를 높인다.

 디자인 분야에서의 기술적인 발전을 이해하고 AI를 적극적으로 활용하여 AI가 갖지 못한 인간의 능력을 강화해 나가는 것이 디자이너들의 미래를 지키는 열쇠가 될 것이다.

 요즘은 인터넷 플랫폼 안에서 개발 의뢰를 하거나 SNS을 통해 텍스트로 의뢰하는 경우가 흔하다. 과연 대표의 감정이나 생각을 온전히 전달 할 수 있을까?

플랫폼 안에서 빠르고 저렴한 가격으로 모든 것이 편리해진 건 맞지만 그래도 기업의 심벌 만큼은 사람의 손을 거쳐 함께 고민하면서 스케치하고 감정을 공유하면서 담아보아야 대표가 원하는 참다운 결실을 맺을 수 있다.

AI가 디자인 분야에서의 역할이 점점 커지고 있는 상황에서 디자이너나 디자인 회사들은 AI와 공존하며 새로운 방향으로 발전해 나가야 할 것이다.

1인 기업가 시대라고 해도 과언이 아닐 만큼 점점 더 확대되어 가고 그만큼 퍼스널 브랜딩이 중요해졌다. 우리 회사에서도 코로나가 시작된 해부터 새로운 퍼스널브랜딩 모델인 비즈엠(BIZM)을 개발했다. 비즈엠은 모바일 버전으로 비대면 시대에 적합한 커뮤니티 채널인 모바일 전용 나의 명함이다.

이제는 웹사이트나 이메일 보기도 바쁜 시대가 되면서 모든 정보를 손안의 핸드폰에서 해결하는 간편한 세상이다.

새로운 비즈엠 모바일 모델이 자리매김 할 수 있도록 업데이트에 집중하고 있다.

나의 멋진 인생을 위하여

1~10의 숫자 중에 스스로 행복 지수를 진단해보면 자신있게 10점이라고 대답할 수 있을까? 사람은 누구나 행복하게 살 권리가 있지만 모두가 그렇지 못한 게 현실이다. 얼마 전 큰딸아이가 갑자기 질문을 했다.

"엄마는 어떻게 20년 이상 한번도 쉬지 않고 사업을 할 수 있었어요? 그동안 언제 가장 행복했어요?"

질문의 대답은 지금 생각해도 좀 어이 없다.

"아무 생각 안하고 있을 때 가장 행복해."

아무 생각 안한다는 게 명상할 때 생각을 멈추는 것과 같을텐데… 왜 다들 명상을 해야 한다고 하는지 알 것 같기도 하다.

생각을 스스로 멈추는 순간 '무념'의 상태 즉, 불교용어로 '무념무상(無念無想)' 아무 생각이 없는 상태를 의미하는데 이는 무아의 경지에 이른 상태라 할 수 있겠다. 생각을 멈춘다는 것이 생각보다 쉽지 않다. 걱정이 많을수록 더욱 그렇다. 결국 걱정이 없어야 아무 생각도 안 할 수 있으니 반대로 그때 가장 행복하다. 아마 나의 대답이 딸아이에게는 동기부여가 되지 못했을 것이다.

내가 하고 싶은 일을 오래도록 건강한 몸으로 지속할 수 있는 삶이 가장 행복할 것 같다. 건강은 건강할 때 지켜야 한다고들 말한다. 운동과 독서는 꾸준히 해야 하는 습관인데 쉽지 않다. 하지만 잘 지키는 사람은 정신적 육체적으로 윤택하고 풍부한 삶을 대가로 얻는 게 분명하다.

5년 전 우연히 새벽 조찬 비즈니스모임 BNI(Business Net-work International)를 시작했다. 매주 1회 새벽에 진행되는 정규회의 방식과 이 활동으로 얻을 수 있는 여러 가지 매력적인 가치에 흠뻑 빠졌다.

성격이 외향적이라 여러 사람들과 어울리는 걸 좋아하고 파트너들을 서로 연결해주고 협업하는 과정에 익숙하다.

BNI는 전 세계적으로 활동하는 비즈니스 커뮤니티로 맴버들은 서로의 비즈니스를 추천하고 지원하며 비즈니스 성장을 위해 네트워킹 및 교육 기회를 제공한다. BNI 회원들은 매주 모임을 갖고 서로의 비즈니스를 소개하고 추천시를 주고받으며 상호 체계적으로 지원한다.

내가 나름대로 철학을 갖고 활동해오던 것들이 여기 BNI시스템과 흡사했다. 지금도 BNI를 비즈니스 놀이터로 생각하며 좋은 네크워크를 형성해나갔고 또한 매출 성과를 만들어내면서 왕성하게 활동하고 있다. 이제는 매주 최소 한번은 새벽에 일어나는 부지런한 조찬 습관을 만들어냈다는 것이 가장 중요한 변화이다.

아무것도 하지 않으면 아무결과도 만들어 낼 수 없다. 도전하는 사람들은 일단 시작했다는 공통점과 또한 그 시작을 꾸준하게 지키고 만들어 감으로서 성과를 냈다는 공통점이 있다.

코로나19 펜데믹을 거치면서 사업하는 대표라면 누구나 터닝포인트를 맞이 했을 것이다. 누구는 이 시기에 막심한 피해를 입어 유래 없는 실패와 좌절의 시간을 보냈을 것이고 누구는 그래도 위기를 또 다른 기회로 만들기 위해 죽을 힘을 다해 새롭게 도전했을 것이다. 긍정적인 마인드셋과 자신감을 유지하면 문제를 해결하고 도전에 대처하는 능력이 향상될 것이다.

건강하고 활동적인 삶을 살면 몸과 마음이 건강해지며 스트레스를 줄이고 삶의 질도 높아진다. 나의 멋진 인생을 살아가는 우리 모두 스스로에게 화이팅을 외쳐보자.

새로운 것을 시도하고 어려움을 극복하는 것은 자신감과 성취감을 높이고 자신의 능력과 잠재력을 발휘하는 기회를 얻는 것이다. 이러한 이유들이 모여서 우리는 디자인을 통해 세상을 더 나은 곳으로 만들고 함께 일하는 이들과 동반 성장하며 도전과 성취를 경험하여 삶을 보다 의미있고 풍요롭게 만들어 간다.

Epilogue

　이번 출판을 통해 처음으로 지금까지 지나온 나의 인생을 찬찬히 돌아보는 시간을 가질 수 있었다. 항상 바쁘게 쫓기듯이 살아내고 있던 내 삶에 가슴 짠한 모성애가 생겨났다.
　이상하리 만큼 희비가 교차되는 감정이다. 한길만 걸어온 내 삶을 때로는 힘들고 때로는 행복했던 추억들을 회상하며 써내려간 글들이 내 스스로의 위안으로 남길 바란다. 디자이너에서 브랜딩전문가로 자부심을 가질 수 있도록 항상 공부하고 노력하고 시도했던 나날들이 자랑스럽게 느껴지는 동기부여도 되는 시간이었다.
　항상 곁에서 응원하고 지지해주는 사랑하는 가족들이 있었고 나의 역사속에서 여러 지인분들이 함께 지금까지도 있었다는 걸 이제야 가슴깊이 깨달았다. 모든 지인분들에게도 감사의 마음을 갖는 좋은 기회가 되었다. 더 많은 이야기와 생각들을 담고 싶었지만 지면이 허락될 때 이어가고자 한다. 나의 변화와 도전은 계속될 것이다.

CEO의 책상

Part 2.
오너 셰프에게 길을 묻는다

권구만

나이 서른이 넘어 대학교 조리과에 입학했고 2009년 서울 국제 요리대회 금상, 2010년 서울 국제 요리대회에서 대상을 수상했고 각종 대회에 출전하여 기록을 남겼다. 이탈리안 레스토랑에서 15년차 메인쉐프에서 곡간, 돈그릴, 술사회 등 다점포 매장을 운영했다.〈낙원갈비〉프랜차이즈를 창업하고 현재는 다점포 성공시스템 연구소 자문위원과 (주) 행복을만드는사람들 현 의장을 맡고 있다. 특별히 인생버킷리스트를 하나하나 완성해가고 있다.

'셰프'와 '오너'의 차이를 경험하다

아내는 하얀 조리사복을 입고 조리에 열중하던 내 모습이 좋았다고 한다. 그만큼 요리를 사랑했고 요리하는 게 즐거웠다.

하루 12시간 이상 주방 일을 했다. 보통 사람들은 주말과 명절에 쉬지만 내가 근무하는 레스토랑은 휴일에 장사를 하기 때문에 평일에 쉬어야만 한다. 내가 좋아하고 잘할 수 있는 일이라 최선을 다했지만 가정을 꾸리고 소중한 아들, 딸이 태어나자 내 가정을 돌볼 시간이 없었다. 내 열정과 커리어를 쏟아부어 매장을 이끌었지만 정작 돈은 모이지 않았다. 무언가 잘못되었다고 생각했다.

10년 넘게 '열심히'만 했다. 열심히 하면 부와 여유가 뒤따라올 줄 알았다. 물론 열심을 내는 게 맞지만 점점 자본의 노예가 되어갈 뿐이었고 그걸 인지하지 못한 채 열심히만 살아온 것이다. 그저 내가 좋아하는 일이라 가혹한 현실을 버텨냈다.

하지만 가족이 생기고 진정한 행복이 무엇인가에 대한 의미가 변화하면서 내가 바라는 행복을 찾기로 했다. 내가 원하는 시간에 원하는 장소에서 원하는 것을 할 수 있는 자유, 소중한 사람들에게 좋은 것만 주고 싶고 그들도 행복을 느낄 만한 자유를 가져야 진짜 행복이라는 생각한다.

'법륜' 스님은 인간은 태어나면서부터 행복할 권리가 있다고 했다. 내가 원해서 세상에 나온 건 아니지만 남자든 여자든, 많이 배웠든 못 배웠든 장애가 있든 없든 삶의 목적은 '행복'하게 사는 것이다. 그러나 자본주의 시스템은 사람들에게 경쟁을 부추긴다.

우리 사회는 나를 나답게 사는 것이 아니라 누군가를 위해서 살아가게 만든다. 과정보다 결과를 중요시하고 가족보다 조직을 위해 살아갔다. 그런 사회에서 나같이 특별하지 못한 사람은 할 수 있는 것이 오로지 착하고 성실하게 일하는 것뿐이었다. 지금 이런 말을 하는 나도 아이러니하게 정말 성실하게, 열심히 하는 것 말고는 몰랐다.

그러니 특별할 것 없는 내가 남들보다 잘 할 수 있는 게 착하고 성실하고 열심히 하는 몸을 쓰는 것밖에 없었다. 그러다 보니 노동의 굴레에서 벗어날 수 없고 냉혹한 자본주의 사회는 그런 나를 더 옥죄고 희생을 강요했다. 이 상황을 벗어날 수 있는 방법을 알려주지 않았다. 내 주위 사람들도 방법을 알려주지 않았다. 아니, 알려주지 못했다. 그들도 모두 나와 같았으니까. 그래서 나는 나 스스로 행복을 찾기로 결정했다.

코스요리 식당 〈곡간〉으로
장사의 신에 도전

    자본주의 사회에서 노예로 살지 않으려면 먼저 노동에서 벗어나야 한다. 남을 위해 일하는 것이 아니라 나와 소중한 가족을 위해 일해야 한다. 더 이상 물러날 곳이 없었기 때문에 나는 일을 그만두고 식당을 하기로 마음먹었다. 지금껏 해온 노동이 요리였기 때문에 요리만큼은 정말 자신 있었다. 문제는 자금이다.

    이때까지 은행빚도 없던 내가 처가에 손을 내밀었다. 겉 보리 서 말만 있으면 처가살이 안한다는데 그때는 정말 절실했다. 그때 처남이 교통사고로 집에서 재활치료 중이었는데 장모님에게 식당을 하게 되면 처남을 우리 집에서 생활하면서 재활 치료도 받고 식당에 함께 일하면 좋지 않겠냐며 거절할 수 없는 제안을 했다. 자금 8천만 원을 빌려 천안에 아는 선배와 함께 한식을 기본으로 양식과 일식을 접목한 코스요리 식당 〈곡간〉을 시작했다.

    35평 매장에 테이블을 12개, 홀은 선배가 맡고 주방은 내가 맡아 점심 12코스, 저녁 18코스 요리로 나의 15년 요리 생활의 경험을 총동원해 장사를 시작했다. 오픈한 지 2달 만에 입소문을 타고 예약하지 않으면 대기를 해야 했고 대기가 길어도 식사를 하겠다는 손님들이 연일 이어졌다.

　1년즈음 되니 지역 맛집으로 자리도 잡았고 직장 생활보다 수입은 두세배 많아졌다. 장사도 잘되고 주위에서는 성공했다고들 말하지만 정작 나는 행복하지 않았다.

　하루 17시간씩 일을 하니 가족과 함께 보낼 시간도 부족했다. 나는 자본주의의 노예 상태에서 벗어난 것이 아니었다. 경제적 자유보다 먼저 '시간적 자유'가 수반되어야 한다는 것을 미처 알지 못했다.

　즐겨보던 TV 프로그램 '서민갑부'가 좋아 보이지 않았다. 대부분 공통적으로 30년 동안 아침 4시에 일어나 한눈 팔지 않고 일했으며 해외여행 한 번 못갔다는 내용이다. 그리고 자식들이 물려받아 똑같이 일하고 노력하는 모습이 너무 쓸쓸해보였다.

　물론 한 가지 일을 30년 동안 한다는 것과 대를 이어 한다는 것은 훌륭한 일이지만 나는 해외여행도 가고 싶고, 악기도 하나쯤 연주하고 싶고, 가족들과 제주도에 가서 한달 살기도 해보고 싶고, 책도 쓰고 더 넓은 세상을 경험해보고 싶었다.

특히, 내 자식들에게는 경제적 자유와 시간적 자유를 알려주고 싶었다. 자식들에게 꿈과 행복을 찾아서 더 넓은 곳을 향하라 말해주고 싶었다. 나는 지역 맛집 사장님이 아니라 사업가가 되기를 결심했다. 일하지 않아도 시간적 여유가 넘치는 파이프라인을 구축한 '자본가'가 되겠다고 다짐했다.

사업도 내가 잘하는 분야에서 시작해야 한다. 그래서 아는 후배들을 설득하여 〈곡간〉 코스요리집 근처에 식당 2개를 연달아 오픈했다. 동기부여를 주기 위해서 지분 투자방식으로 하고 사장 직함을 주고 장사를 시작했다. 처음엔 내가 가진 지식과 후배들의 노력으로 장사가 잘 되는 것 같았다.

그러나 6개월 정도 지나자 문제가 발생했다. 오래 알고 지내던 후배들이라 그저 지분관계로 동기부여를 하면 본인 식당처럼 일할 줄 알았는데 그게 아니었다. 시간이 지나면서 식당 수만큼 나의 스트레스는 배로 높아지고 이상과 현실에 대한 괴리감을 느끼고 2억 정도를 손해 보고 가게를 정리했다. 그때는 그 후배들이 정말 미웠는데 지금 생각해 보면 내 공부가 부족해서 생긴 일이었다.

그저 요리를 잘하는 사장이었던 나는 자영업은 할 줄 알았지만 여러 개의 매장 운영은 매뉴얼과 시스템으로 해야만 사업이라는 것을 몰랐다. 직원들이 나처럼 일할 수 있는 시스템을 만들어야겠다는 생각을 하고 프랜차이즈 사업을 생각했다.

이번에는 제대로 해보자 결심하고 '낙원갈비집' 브랜드를 만들고 프랜차이즈를 설립했다. 예상치 못한 시련들도 닥쳤지만 나는 자본주의 노예가 아니라 시간 부자가 될 수 있는 진짜 행복을 찾아 시스템을 만들었다. 나는 진짜 부자가 되고 싶었다.

장사를 잘하는 사람은 매장을 성공시켜 대박 집으로 운영할 수 있지만 그걸 시스템으로 구조화하여 사업을 한다면 수백 개 매장을 거느린 프랜차이즈 사업가가 될 수 있다. 좋고 나쁨은 운영자가 판단할 몫이지만 사업가는 어느 시점이 되면 어디로 갈지 방향을 정해야 한다. 나는 사업가가 되기로 결심했고 더 나아가 투자자가 되고 싶다. 우리 직원들에게도 경제적 자유와 시간적 자유를 부여해 주고 행복한 회사를 만들고 싶다. 그래서 법인 이름도 (주)행복을 만드는 사람들이다.

고깃집 프랜차이즈 〈낙원갈비집〉 오픈

프랜차이즈를 하기 위해 지금까지 운영해 온 내 매장들의 장단점을 분석해 봤다. 첫 번째 식당인 〈곡간〉은 한식 요리를 베이스로 한 코스요리 전문점이었고 나의 다양한 요리 경력을 잘 활용했던 매장이었다. 내 요리가 주를 이루는 매장이니 내 실력으로 매장의 운명이 좌지우지 됐다. 장사를 함에서는 부족함이 없었으나 매장을 여러 개 만들 수 없는 상황이었다. 그리고 주방에 많은 인원이 투자되다 보니 수익구조상 인건비 지출도 크고 주방 직원관리에 관한 문제점도 발생했다.

두 번째로 오픈한 '술사회'는 30평 규모의 당시 유행하던 감성 술집으로 영업도 수월하고 운영 인원도 적게 들어 비교적 수월했다. 술집의 특성상 저녁 장사만 할 수 있고 주로 젊은 커플이나 여성 고객이 주요 방문객이어서 회전율이 좋지 않아 매출이 높지 않았다.

마지막으로 '돈그릴'은 40평 규모의 숙성삼겹 전문점으로 식사와 회식이 가능하고 운영 인원도 적정선으로 유지가 가능하며 테이블 회전율과 매출 대비 수익률이 적절하다는 판단이 섰다.

프랜차이즈를 고깃집으로 해야겠다고 정하고 고깃집에 대한 벤치마킹을 시작했다. 전국을 돌며 고깃집의 특성을 파악했고 상위 매장을 추려 30여 곳의 특징을 나열했다. 그리고 그중 프랜차이즈화 할 수 있는 매장을 집중적으로 분석하여 그간 모은 매장 특성들을 한데 모아보기로 했다.

내가 생각하는 프랜차이즈는 주방인력이 전문적이지 않아도 되며 유행에 민감하지 않고 가성비가 뛰어나야 한다는 결론을 내렸다. 과거 주방생활을 할 당시 가깝게 지내던 수입고기 전문점의 대표님께

서 시중가보다 저렴하게 갈비살(늑간살)을 공급해 줄 수 있다고 하여 모든 장점을 모아 만든 매장이 천안 불당동에 첫 매장인 50평 규모의 '낙원갈비집'이다.

예상은 적중했고 한 달 정도 지나자 풀 테이블에 웨이팅도 어마어마했다. 예약하지 않으면 식사를 못할 정도로 유명해졌다. 6개월 만에 천안 외곽지역에 2호점으로 100평 규모의 매장을 열었다. 2호점은 그 여세를 몰아 전국적인 맛집이라는 평을 듣게 되었고 월 2억 매출을 넘기는 대박집이 되었다. 그때 자신감은 하늘을 찔러 바닥이 보이지 않았다. 무서울 것이 없었고 오로지 앞만 보고 달려갔다.

2호점 매장이 잘 되니 가맹점 문의로 사람들이 찾아왔다. 프랜차이즈 사업자등록증을 냈다. 문제는 회사를 운영할 사람이었다. 당장 서점에 가서 프랜차이즈에 관한 책을 사서 공부했고 주위에 사업가를 찾아다니면서 회사 운영에 대한 조언을 들었다.

최소 인원으로 프랜차이즈 시스템을 구축할 책임자와 회계 담당자, 마케팅 담당자를 조직하고 아는 후배들 중 똑똑한 친구들로 3명을 불렀다. '나도 처음이고 여러분도 아는 것이 없으니 돈과 시간은 내가 책임질 테니 교육기관을 찾아 교육받아 오라'고 했다.

그땐 사무실도 마련하기 전이었다. 아침마다 카페나 도서관에서 회의를 하고 나면 매장에서 일을 하고 교육을 받으면서 회사를 만들어갔다.

낙원갈비집 3호점 매장을 오픈하면서 3호점 2층에 5평 정도 되는 다락방에 사무실을 내고 본격적으로 가맹사업을 시작했다. 입소문으로만 10호점이 넘어갔지만 너무 무모한 행보였는지 행복은 그리 오래 가지 않았다.

코로나 위기, 강력한 방향전환만이 살길

사업 초기에 나는 하늘을 찌르는 자신감으로 밀어붙였다. 승자효과에 빠진 것이다. 15년간의 요리사 생활로 인한 자만과 식당의 대박 경험은 사업에 대한 내 마인드를 '별것 아닌데?'라는 생각으로 바꿔버렸다. 그저 온전히 내 실력으로 이루어낸 결과라고 착각한 것이다. 물론 실력이 뒷받침된 것은 사실이지만 또 하나 중요한 사실은 내가 제어할 수 없는 '운' 영역을 과신했다. 세상 모든 것들이 나를 막아도 헤쳐나갈 수 있을 것이라는 착각에 빠진 것이었다. 운과 실력이 모두 나를 밀어줄 때가 진짜 '성공'이다.

코로나가 시작될 때 단순 독감인 줄 알았다. 이번 여름만 지나면, 연말에는, 내년 초에는, 하며 3년이라는 시간을 보냈었다. 정말 지독하다는 말밖에 더이상 표현할 길이 없을 정도로 어두운 터널이었다. 최악의 상황은 벗어났지만 끝이 보이지 않는 불안과 불신들은 나 스스로에 대한 믿음마저 잃게 했다. 생전 처음 일도 하기 싫고 다 포기하면 마음이 좀 진정될까 심한 우울증까지 찾아왔다.

20명의 직원과 전 재산을 털어 본사를 믿고 매장을 운영하는 가맹점주들을 생각하면 혼자만의 문제가 아니니 병원에서 우울증 약을 처방받고 나를 믿고 버텨주는 사람들을 위해 답을 찾아나섰다. 정말 해결책을 알려준다면 영혼이라도 팔아서 해답을 듣고 싶은 순간의 연속이었다.

물론 나만 힘든 것은 아니었다. 팬데믹의 장기화로 인해 우리 회사는 물론 사회 전체가 전부 얼어붙고 있었으니 더 다양한 것을 더 많이 공부해야 했다. 시시각각으로 변하는 정부의 규제와 인원, 시간제한으로 인한 매출 저하, 수입 원자재 가격 상승으로 인한 식자재 원가율의 급등, 매출 감소로 인한 은행 대출 규제 등 엄청난 악재가 모두에게 다가오고 있어서 나는 타던 차도 팔아서 직원들의 급여를 챙겨줬다. 생존이 절실했다.

  어떻게 하면 우리 회사를 살릴 수 있을지 고민하다가 처음 회사를 설립할 때를 생각했다. 이런 생각들이 겹쳐 원점으로 돌아가 보니 회사를 '턴어라운드' 시킬 방법이 생각났다. 이것도 안된다면 정말 그만 둘 때가 되었구나 생각하고 마음을 단단히 먹었다.

  〈낙원갈비집〉의 초기 매장 콘셉트는 미국산 소갈비를 '가성비' 있게 제공하는 것이었다. 직원들과 머리를 맞대고 원점으로 돌아가 다시금 생각해 보았다. 구하기 비싼 수입품 소고기를 대신하여 우리나라 돼지갈비를 찾았다. 정말 파격적인 '다운사이징'을 감수해야 했다. 물론 기존 고객층의 니즈를 위해 소갈비를 팔지 않는 것이 아니라 '돼지갈비'를 도입해 메인메뉴로 전환하는 작업을 진행했다. 주요 마케팅 전략을 모두 돼지고기로 전환하고 돼지갈비와 샤브샤브를 동시에 먹을 수 있는 독특함을 무기 삼아 극도로 위험한 외줄타기를 시작했다. 결과는 성공이었다.

  가격이 저렴한 돼지갈비를 먹으면 샤브샤브가 무료로 제공된다는 파격적인 문구는 소비자들의 지갑을 열 수 있는 히든 키였고 50%를 넘어가던 원가율을 30%까지 낮추어 안정성을 되찾았고 코로나 위기를 넘길 수 있었다.

  원점을 생각하면서 다시 돌아가기 싫다는 생각을 참 많이 했다.

처음 사업을 시작할 때부터 지금까지 다시 하라면 못할 것 같았다. 그리고 지금 가고 있는 길이 정답이라고 외치고 싶었으며 성공한 사업가가 되었을 때 모두에게 말해주고 싶었다.

공부하고 꾸준하면 성공할 수 있다고 누구나 방법을 몰라서 못하는 것이라고 자본주의 사회에서 자유로워지고 싶으면 독서하고 조언을 구하고 행동으로 옮겨야 한다고 그러면 누구나 할 수 있다고 언젠가 말하고 싶다. 그리고 항상 잘 나갈 때 조심해야 한다.

"실력을 쌓아라
실력이 없으면 성공하더라도 기뻐할 수 없고
실력이 있으면 실패하더라도 실망할 필요가 없다"

"전략적 사고 없이 무턱대고 열심히 하면 빨리 망한다"

가치를 만들어가는 오너가 되고 싶다

우리 회사 사훈은 "열심히 말고 똑똑하게 일하자."이다. 우리 회사는 비교적 젊은 직원들이 대부분이지만 직원들은 언제든 학교와 회사를 혼동할 때가 있다. 학교와 회사는 엄연히 다르다. 학생은 공부를 잘하는 학생과 못하는 학생이 있지만 성적이 서로에게 피해를 주지는 않는다. 하지만 회사는 좋은 성과를 보인다면 정말 좋고 안 좋은 성과를 보인다면 남에게 피해가 된다. 누군가는 그 일을 대신해야 하는 것이다. 그 과정에서 금전적, 시간적 손실이 발생한다. 이런 경우에는 대부분 열심히 했다는 말이 따라붙는다. 이와 같은 상황은 성과를 내지 못하는 사람들이 열심히 하는 것과 잘하는 것의 경계를 구분 짓지 못할 때 발생한다.

다른 회사도 물론 힘들겠지만 육체적인 노동과 정신적인 노동을 모두 하는 식당 직원들은 동기부여를 주고 함께 성장하기가 정말 힘들다. 회사를 운영하면서 가장 힘들고 어려운 부분은 인적자원의 관리이다. 사장인 내가 몸이 하나이다 보니 모든 현장에서 함께 일할 수 없고 고객 관리도 직접 할 수 없다. 우리 회사는 직원들에게 삼성이나 현대 같은 엄청난 직원 복지를 해줄 수 없다. 결국 직원과 회사가 함께 성장하지 않으면 무언가 해주고 싶어도 할 수가 없다. 열심히만 해서는 안된다. 성과내야 한다.

우리 회사에 정말 성실하고 열심히 일하는 직원들이 많다. 문제는 성실과 열심이 성과로 이어져야 하는데 그렇지 못한 것이 문제다. 회사에서 성과란 단기적이든 장기적이든 매출에 영향을 일으켜야 한다. 그냥 열심히 하니까 때 되면 진급시켜주고 월급 올려주기만 원한다. 하지만 공무원도 아니고 우리 회사가 대기업도 아닌데 회사가 성장하지 않으면 방법이 없다.

회사가 성장하려면 직원이 성장해야 하고 직원이 성장하려면 우선 열심 이전에 회사가 지향하는 방향을 알아야 한다. 지식의 탐색을 해야 내가 무얼 알고 무얼 모르는지 알고 내가 부족한 부분을 노력으로 성과를 이뤄낼 수 있다. 지식의 탐색이란 나의 일에 먼저 성과를 내본 사람들에게 묻는 것이 제일 좋고 그 다음은 독서가 좋다.

예를 들어 프로 야구 선수가 남들보다 한 시간 일찍 나와 연습을 하고 경기가 오프인 날에도 나와 연습을 한다는 것은 열심히 하는 것이지만 그 성과가 1할대의 타율이라면 잘하는 것이 아니고 감독은 그 선수의 연봉을 올릴 수 없다. 이 선수가 타율을 끌어올릴 수 있는 방법은 그저 열심히 일찍 나와서 헛수고하는 것이 아니라 타율을 끌어올릴 수 있는 방법을 찾고 맞붙을 상대 투수에 대해 연구해야 한다.

경기 전 컨디션 관리도 중요하고 코치에게 먼저 다가가 부족한 부분에 대해 피드백을 받고 안 좋은 습관들을 고쳐 나가야 한다. 회사도 마찬가지다. 능률이 없는 일을 죽어라 열심히 한다고 좋게 보일 수 없다. 단지 그 사람의 성향일 뿐이지 회사는 성향으로 성장하지 않는다. 회사가 바라는 것이 무엇인지 파악하고 그쪽으로 방향을 설정하고 효율적으로 일을 해내야 한다. 문자 그대로 열심히 말고 똑똑하게 일해야 한다는 것을 의미한다.

내가 하는 일을 주위에 알리고 환경을 설정하라

나의 사무실 책장에는 300권의 책이 있다. 누구나 사무실에 와보면 내가 책을 즐겨 읽을 거라 생각한다. 즐거움보다 생존에 가깝다. 즉 300여 권의 책은 나의 생존 독서이다.

책 읽는 습관을 들이려고 여러 방법들을 시도했다. 나는 '환경 설정'이란 말을 좋아한다. 인간은 습관화되지 않은 행동을 싫어한다. 인내, 의지, 결심도 중요하지만 믿고 있다가는 낭패를 당한다. 독서를 할 수밖에 없는 환경을 만들어야 한다. 그래서 억지로 독서모임을 만들었다. 직원들에게 한 달에 한 번 독서 모임을 제안했다. 환경을 설정하는 것이다. 회사 대표가 독서모임을 하자고 떠들었으니 무조건 책을 읽고 약속을 지켜야만 했다. 직원들에게 적절한 책을 소개할 필요도 있으니 모임마다 4권을 먼저 읽고 그중 한 권을 추천했다. 그렇게 일년 만에 50권을 완독했다.

회사 초창기에는 매장 일까지 맡아서 회사를 운영했다. 직원들보다 먼저 출근해서 매장을 오픈한 뒤 업무를 끝내고 밤에 매장 마감을 도왔다. 밤 12시쯤 집에 도착하면 몸은 녹초가 되었지만 체력 관리를 위해서 아침 6시 수영을 등록했다. 직원들보다 나이도 있고 지겹도록 해온 매장 생활이라 정말 출근하는 몸이 천근만근이라 새로운 환경을 만들어버렸다.

나의 40대가 넘어가기 전에 건강이 걱정이 되던 차에 아내와 같이 PT를 받았다. 운동이라는 게 꾸준이 하기가 무척 힘들었다. 하루 4시간 꼬박 운동하고 식단도 조절해야 하고 절제할 것이 너무 많았다. 그래서 환경설정을 해버렸다. 아내와 함께 부부 바디프로필 촬영을 등록해버리고 회사 직원들에게 자랑스럽게 떠벌렸다. 그리고 운영하고 있는 블로그에 10일에 한 번 몸 단위를 공개하겠다고 자랑했다. 거짓말하는 게 싫어서 운동을 꼬박꼬박 잘 했더니 건강도 챙기고 부부 금슬도 좋아지고 회사에서 멋있는 사람도 되어갔다.

성실하게 무언가를 해나가기 어려울 때는 그 일을 할 수밖에 없는 환경을 만들면 된다. 때로는 가혹하다고 느껴지겠지만 성취감을 맛보면 그 가치가 충분하다는 것을 느낀다.

나는 앞으로 나의 의지를 믿지 않고 내가 하는 일을 공개적으로 환경을 설정하고 성공하는 모습을 보일 것이다.

보통 변화(선형적) 진짜 변화(비선형적)

인간의 뇌는 '변화'를 불편하게 생각하는 경향이 있다. 구조상 습관이 바뀌면 불쾌하고 편안함을 안주하는 성향이 기본적으로 담겨 있다고 한다. 바꾸고 싶은데 나도 모르는 사이 바꾸지 않아도 될 이유를 나열하고 있고 변명하게 된다. 뇌가 하지 않아도 될 이유를 찾고 경계를 그어버리는 현상, 그 지점을 '안전지대'라고 하며 '컴포트 존'이라고도 부른다. 밖으로 나오지 않아 위험하지 않지만 그만큼 성공 가능성도 없다고 보면 된다. 편안함을 추구하는 것은 당연하고 열심히 하고자 하는 동기부여도 완전히 떨어진다. 일상생활은 전혀 다를 바가 없지만 마법과도 같은 성공은 컴포트 존 안에서 일어나지 않는다.

우리는 성공하려고 변화하기를 바란다. 변화에는 '진짜 변화'와

'가짜 변화'가 있다. 실제로 일어나지 않는 변화는 대부분 가짜 변화라고 할 수 있다. 예를 들어 회식자리에서 모두가 한마음으로 '다 함께 힘내서 잘 해보자! 으샤!' 하는 반응은 다음날 머리만 깨지게 아플 뿐 공허만 남는 '가짜 변화'이다.

우리는 단순히 마음가짐만 변화시키는 것이 아니라 실행하고 도전하는 '진짜 변화'를 해야 한다. 진짜 변화를 느끼기 전 '보통 변화'를 느낄 수 있다. 이는 선형적으로 변화하는 것을 말하는데 변화의 정도는 선형적으로 변화할 때 가장 이상적이라고 할 수 있다. 하지만 진짜 변화는 절대 선형적으로 일어나지 않는다. 보통 변화도 대부분 이상에 가깝지만 진짜 성공을 위해선 보통 사람들이 겪는 선형적 변화가 아닌 비선형적 변화를 경험해야 하며 '진짜 변화'는 일정한 '임계점'을 넘어갈 때 급속도로 변화한다.

예를 들어 최저시급을 받으며 주 40시간을 근무했다고 했을 때 월 200만 원을 벌며 물리적인 시간과 노력을 더 투자하는 것이 가능하다고 했을 때 주 80시간을 일해서 월 400만 원으로 근무시간과 월급을 함께 올리는 것이다. 누구나 할 수 없지만 노력의 정도만큼만 변화하는 '보통 변화'인 것이다.

하지만 물리적인 제약은 누구에게나 존재한다. 주 80시간을 근무하는 것은 불가능하다고 할 수 있으며 열심히 한다고 기본급을 올리지 못한다는 것이다.

주제를 바꿔 내가 주 40시간을 근무했을 때 월 200만 원이 아닌 300만 원을 받을 수 있는 일을 한다면? 공부를 해서 지금 내 능력으로 할 수 없는 일을 하는 것이다.

능력의 범주를 키워 더 가치 있는 사람이라면 충분히 더 많은 시급을 받고 월급이 오를 것이다. 정말 간단해 보이는 말이지만 어떻게 해야 내 가치를 키울 수 있는가는 앞서 말했듯 다양한 교육과 독서에 달려있다고 해도 과언이 아니다.

시간에 따른 성공도의 선형적 이상과 비선형적인 현실의 관계

보통 변화가 나쁘다는 것은 아니다. 보통 변화는 육체적으로 힘들고 눈에 보이기 때문에 컴포트 존에 갇히기 쉬워 동기부여가 잘되지 않는다. 그리고 가시성이 있기 때문에 접근이 쉽다는 특징이 있다. 그러나 진짜 변화는 보통 변화처럼 선형적으로 진행되지도 않을 뿐 아니라 가시성도 없다. 당장 뭔가 했을 때 변화의

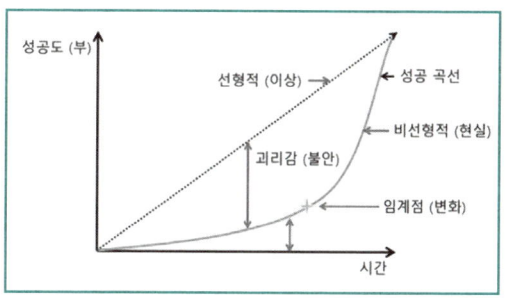

정도가 체감되지 않는다는 것이다. 진짜 변화는 시작하기 정말 어려울 뿐만 아니라 일정 임계점에 도달하지 않으면 보통 포기하고 만다. 임계점은 그 누구도 언제 도달할지 알 수 없다. 그래서 먼저 선형적인지, 비선형적인지 내 변화를 눈여겨봐야 한다.

내가 느낀 가장 좋은 변화 방법은 독서다. 가장 적은 비용과 시간의 투입으로 최고의 효율을 낼 수 있으며 이익도 극대화할 수 있는 최고의 지침이다.

시공간의 제약도 받지 않고 글쓴이의 모든 의도를 파악할 수 있으며 원하는 정보를 골라서 취득할 수 있다는 점이 장점으로 다가온다고 할 수 있다. 물론 책과 더불어 전문가의 조언을 받거나 환경을 설정하거나 최상급의 장비를 준비해 스스로 겪어보는 것도 좋은 변화 방법이라고 할 수 있다. 단지 투입 대비 최대의 효율은 독서라는 말을 하는 것이다.

우리가 상위 10% 그룹에 속하게 되고 그중에서도 손에 꼽는 사람이 되고 싶다면 일정 시간 할애해야 한다. 어디에 내 시간을 투자할지 스스로 정하면 되지만 기본적으로 보통 변화의 과정은 겪어야 한다. 보통 변화의 종착점에서 임계점을 겪지 않는다면 진짜 변화를 할 수 없다. 예측 가능한 범위의 실행은 모두 해보는 것이 좋고 공부와 독서를 게을리해서는 안 된다.

보통 변화의 과정에서 축적되는 내 능력치는 스스로 파악하기 어렵다. 최선을 다해 열심히 하는데 임계점을 느끼지 못하는 사람들이 대부분 보통 변화에 그치고 진짜 변화를 하지 못한다.

성과가 없다 보니 다시 컴포트 존에 들어가 이상과 현실을 저울질 하며 '나는 최선을 다했는데 안된다.' 라는 변명만 한다. 성과는 분명 존재한다. 임계점까지 열심히 하고 '열심' 이후 진짜 변화를 통해 '잘' 하고 있는 나를 발견할 것이다.

나는 '진짜 변화'를 3번 경험했다. 요리 생활을 15년째 하고 더 이상 직장에서의 노력이 나의 경제 상황을 나아지게 할 수 없겠다고 생각하고 식당을 오픈한 것이 첫 번째 진짜 변화였다. 그 임계점을 돌파했을 때 폭발적이고 비선형적인 성과를 얻게 되었다.

하지만 그 후 다시금 변화의 순간을 맞이해야 했다. 나는 그 진짜 변화마저 보통 변화라고 느꼈고 두 번째 진짜 변화를 경험하게 된다. 대부분의 자영업자는 일정 매출을 달성하면 컴포트 존에 들어가게 되는데 나는 그러지 않기 위해 프랜차이즈를 설립했다. 잘 되는 매장 운영으로 되는 것이 아니라 시스템을 구축했기 때문이라는 증명을 하고 싶었다.

하지만 상황에 의해 나는 세 번째 진짜 변화를 필요로 했다. 코로나의 지속으로 인해 진짜 변화가 아니라면 모든 것이 수포로 돌아가게 된 상황이었다.

나에게 가장 큰 변화는 내 한계점을 인정하고 경영에 타고난, 능력이 뛰어난 전문경영인을 영입한 것이다. 운 좋게 내 주위엔 뛰어난 사람들이 있어고 나는 모든 경영권을 위임하고 이선으로 물러났다. 세 번째 진짜 변화를 통해 현재 우리 회사는 두 배의 매출과 두 배의 가맹점 확장으로 비선형적 성장을 이루고 있다.

좋은 기업을 넘어 위대한 기업으로

내가 생각하는 부자되는 법

첫 번째 부잣집에 태어나는 것이다. 재벌은 아니어도 부모님이 강남에 건물주 정도 된다면 나에게 기회와 정보가 더 많이 주어졌을 거고 남들보다는 유리하게 출발했을 것이다. 그러나 어쩌겠는가, 나에게는 선택권이 없는 것을, 선택받지 못했다고 실망하지는 말자. 우리에게는 두 번째 기회가 있다.

두 번째 방법은 부자 배우자와 결혼하는 것이다. 사랑하는 사람과 결혼하는 것도 좋은데 그 배우자가 부잣집에 건물 하나 정도 물려받고 고소득 전문직으로 서울에 신혼집 하나 정도 준비해 놓았다면 자존심은 조금 상해도 사랑이라는 마법을 빌어 신분 상승해서 사는 것도 나쁘지는 않을 것 같다. 그러나 문제는 내가 좋은 학력에 연예인 같은 외모를 갖추고 나의 가치를 아무리 높여도 내가 선택할 수 있는 것은 50%밖에 안 된다.

나머지 50%는 상대방이 나를 선택해 주어야 한다. 그러나 우리는 잘 알고 있다. TV에 나오는 신데렐라 같은 일은 현실에서 일어나기 힘들다는 것을, 나 같은 전문대 학력에 대다수 평범한 사람은 내가 선택할 권리는 0에 가깝다. 내가 선택을 받아야 되지만 그것 또한 로또 확률보다 높다고 생각한다.

대부분 로또에 당첨된 사람이 불행해졌다는 통계를 보면 나와 환경이(사실은 그 환경에 들어갈 수도 없다.) 다른 배우자와 결혼 안 한 걸 위안으로 가져본다. 그리고 나는 지금의 아내를 정말 사랑해서 결혼했고 한 번도 후회한 적 없다. 그래서 부자가 되는 세 번째 방법을 찾아야 했다.

세 번째 방법은 마음을 단단히 먹어야 한다. 스스로 노력해서 부자가 되어야 하는데 위의 두 가지보다 장점은 나의 노력 여하에 따라 얼마든지 부자가 될 수 있다는 것이다. 내가 말하는 부자는 500억짜리 빌딩에 슈퍼카 타고 다니면서 최고급 프랑스 와인을 마시며 식사하는 정도를 바라지 않는다. 그렇다고 마음 부자, 자식 부자 물질보다 정신적인 행복이 중요하다고 말하고 싶지 않다. 최소한 전세금 때문에 집주인 눈치 안 보고 자동차 휘발유 넣을 저렴한 주유소를 찾아다니지 않고 가족과 식당에서 가격표 안 보고 주문할 수 있는 정도의 능력은 갖추고 싶다.

나의 사회 초년 시절 90년대 후반에는 학력과 외국어 능력이 사회생활에 절대적인 영향을 미쳤다. 그때는 대부분 정보를 기득권자들이 독식했고 나처럼 평범한 사람은 그 정보가 있다는 것조차 알 수 없었다. 그러나 21세기 디지털 세상에서는 누구나 마음먹으면 휴대폰 하나로 원하는 정보에 접근할 수 있다. 대학교에서 배운 지식이 기업에서 써먹을 수 없을 정도로 세상은 빨리 변하고 기업은 공채가 사라져 가고 학력보다 현장 경험을 더 중요하게 생각해 경력직을 채용한다. 인스타그램이나 블로그, 유튜브를 이용해 고소득을 올리고 구독자와 팔로워를 수십만 확보한 인플루언서가 전문가로 인정받는 세상이다.

 내가 운영하는 매장 대부분은 동남아에서 온 외국인이 주방 일을 맡고 있다. 다국적 외국인들과 외국어 번역기를 이용하는데 소통에는 아무런 문제가 없다. 얼마나 놀라운 세상인가. 최소한 나에게는 혁명적인 일이다.
 이십 년 전만 해도 레스토랑에서는 주방장이 절대 권력자였다. 사장님도 주방장 눈치를 볼 정도였다. 음식 솜씨 있는 주방장이 마음이라도 상해서 음식 비법(레시피)이라도 넘겨 주지 않고 이직해 버리면 아예 식당 문을 닫는 사태까지도 벌어질 수 있다. 그 밑에서 일하는 우리는 레시피를 전수 받으려고 왕처럼 받들고 노예처럼 일했다. 그때 그렇게 힘들게 전수 받은 레시피를 지금은 스마트폰으로 검색하면 수백 개가 동시에 올라온다.
 아예 유명한 셰프들이 아주 친절하게 영상으로 제작해서 알려주고 있다. 상권 보는 법이나 회계 방법 마케팅 또한 어렵지 않게 정보를 접할 수 있다. 물론 지금도 자영업자 80%는 3년 안에 폐업하고 있지만 최소한 정보 부족의 문제는 아닌 것같다.

　모든 정보가 오픈되어 있고 초고속으로 연결되어 있는 사회에 사는 우리는 나만의 장점을 살려서 전문직이 될 수 있고 노력만 한다면 자영업으로 고소득을 올릴 수 있다. 물론 쉽다는 뜻은 아니다. 지금도 자본과 기득권에 있는 사람들의 높은 벽을 넘기는 힘들지만 최소한 학력이나 정보의 불균형은 좋아졌다.

　사업을 내가 직접 일하지 않아도 시스템으로 돌아가는 것으로 정의하면 호떡 장사를 하더라고 비법과 노하우를 전수해 주고 재료만 공급해도 사업이고, 스마트 스토어에 물건을 팔더라도 사업이다. 커피숍을 하더라도 여러 개를 시스템으로 돌아가게 하면 사업이다. 내 주위에는 자신만의 노하우로 (주로 마케팅, 외식업, 부동산정보) 글이나 영상으로 제작하여 억대 수익을 올리는 사람들도 있다. 디지털 세계에서 생산 수단을 찾는다면 소자본과 적은 인력으로 얼마든지 사업을 할 수 있다.

　"누군가 말했다. 단군이래 가장 돈 벌기 쉬운 세상이라고!"

"당신이 스스로 하지 않으면
아무도 운명을 개선해 주지 않을 것이다"

꿈도 실력이다

회사 워크숍 때나 신규 직원이 들어오면 자신의 꿈이 무엇인지, 자신의 목표와 달성하기 위한 구체적인 계획을 작성해 보라고 한다. 놀랍게도 대부분 꿈과 목표를 작성하기 힘들어한다. 보통 이런 식이다. '부자가 되고 싶다, 행복하게 살고 싶다, 구속 받지 않고 자유롭게 살고 싶다, 건물주가 되고 싶다, 내 사업을 하고 싶다' 여기에서 크게 벗어나지 않는다. 하지만 이건 진짜로 사전적 의미의 꿈일 뿐 구체적인 실행 계획이 없으면 그냥 희망 사항이다.

꿈과 목표를 작성하지 못하는 이유는 크게 3가지다.
첫째는 한 번도 꿈과 구체적인 목표를 고민해 보지 않았다.
둘째는 무엇을 알고, 모르는지 자체를 모른다.
셋째는 꿈을 이루고 싶어도 실력이 없다.

'내가 꼭 부자가 되겠어' 이건 꿈을 말하는 거고 나는 '2030년 100억의 부자가 되겠다' 데드라인을 정하면 목표가 되는 것이다. 10년 후에 100억을 벌려면 뭐부터 해야 하는지 시간으로 나누어야 계획이 된다. 구체적인 계획을 실행으로 옮기면 현실이다. 그러나 실행력이 없으면 그냥 꿈일 뿐이다.

내가 생각하는 실력을 키우는 방법은 환경설정이 중요하고 성실함과 꾸준함이다. 유유상종, 끼리끼리 모인다. 가장 시간을 많이 보내는 사람 5명의 평균(돈, 습관)이 자신이라고 했다.

부자는 승자를 가까이 하고 가난한 사람은 실패자를 가까이 한다. 이유는 간단하다. 편하기 때문이다. 나는 나의 의지를 믿지 않는다. 사람은 자기 습관(생각)을 벗어나면 불안감을 느끼고 제자리로 돌아가려 한다. 그래서 환경을 바꾸어야 한다. 내가 환경을 만들어 들어가든 아니면 만들어진 환경 속으로 들어가야 한다. 여기에 성실함과 꾸준함은 기본이다. 성실함과 꾸준함이 없는 사람이 한 분야에서 성공했다는 말은 듣지도 보지도 못했다.

버스에 누굴 태울 것인가

『좋은 기업을 넘어 위대한 기업으로』 (짐 콜리스 저)

"성공한 경영자들은 버스를 어디로 몰고 갈지를 먼저 정하지 않았다. 내 버스에 적합한 승객을 먼저 태운 후 부적합한 사람을 내리게 한 뒤 어디로 갈 지 방향을 정했다."

처음 회사를 설립했을 때 나는 모든 것을 정해놓은 뒤 직원을 채용해 회사 시스템에 맞췄다. 그러다보니 직원들의 능력이 어떤지 파악하지 못했고 채용한 직원들은 자신이 맡은 일 외에 다른 일은 잘 못했고 하려고 하지도 않았다.

동기부여를 주기 위해 외부 교육도 보내며 능력치를 길러주었는데 비전을 제시하고 미래를 약속해주니 자기들이 배운 것을 토대로 이직을 하거나 독립했다. 분명 동기부여를 위해 노력한 나는 시간도 날리고 돈도 날렸다. 물론 내 직원이었던 사람들이 모두 잘되어 승승장구 한다면 더 기분 좋고 나도 힘이 났겠지만 허술한 준비로 인해 대부분 실패하고 말았다. 직원들에게도, 나에게도, 우리 회사에도 악영향을 끼치는 채용 과정을 바꾸고 싶었다.

적합한 인원을 미리 뽑아 회사의 방향성을 잡았다면 실수가 적었을텐데 이미 동기부여 된 직원들을 채용했으니 이들은 스스로 발전해 나간다는 것, 직원들을 위해 새로운 동기부여를 하며 회사를 더 위대하게 만들 수 있다는 것을 나중에 알게 되었다. 그래서 나는 잘 해주고 있는 우리 직원들과 새롭게 들어올 신규 직원들을 위해 그들이 더 성장할 수 있는 배경을 만들어주려고 노력했다.

앞으로 새로운 브랜드를 출시할 것이고, 회사 자체 교육시스템을 만들어 직원들을 내 버스에 알맞은 사람으로 만들 것이며, 더 새로운 분야에 대한 탐구를 이어나가 우리 직원들이 원하는 모든 것을 이루어 주기 위한 일련의 과정들을 거칠 것이다. 누구나 잘 하며 알아서 운영되고 시스템을 통해 성장할 수 있는 그런 회사를 만드는 것이 나의 최종 목표다.

나는 끊임없이 직원들의 비전을 보여주고 그 비전이 회사 대표에게만 유리한 고지가 아니라 모두가 함께 도달할 목표점이 되도록 한 방향을 바라보는 안테나를 세우려고 노력했다.

나는 자유로운 삶을 원한다

사장이 되고 나서 성공했다고 말하기엔 좀 뭣하지만, 어느 정도 경제적으로 자유로워진 뒤 좋은 점 첫 번째는 남들이 직장에서 일할 시간에 사우나를 이용할 수 있다는 것이다. 한때 이 느낌이 좋아서 하루를 멀다 하고 사우나를 이용한 적이 있었다. 두 번째는 자동차 휘발유를 넣을 때 저렴한 주유소를 찾아다니지 않는 것이다. 세 번째는 가족과 식당에서 가격표 안 보고 주문하는 것이다. 물론 비싸 보이는 곳은 처음부터 안 들어간다.

회사는 싫든 좋든 대표가 의도하는 방향 대로 가게 되어 있다. 사우나에 있지만 회사 생각을 하고 시간이 소중해서 가까운 주유소 찾아 이용한다. 가족과 시간을 많이 보내고 싶어서 사장이 되었지만 회사 식구들을 생각하면 그러기가 쉽지 않다.

더 높은 단계의 삶을 위해 그리고 나를 믿고 회사를 위해 노력하고 있는 동료들과 가족을 위해 성공을 선물하고 싶다. 이것이 내가 회사를 운영하는 이유이며 보람이다.

  우리 사회의 95%는 월급생활자 또는 자영업, 전문직이다. 얼마 전까지만 해도 나도 어느 회사 직원이었고 경제적인 자유를 꿈꾸며 퇴사하고 자영업(식당)을 시작한 사람이다. 직장 생활보다는 경제적으로 풍요로워졌으나 시간적인 자유는 직장 생활할 때보다 자유롭지 못했다. 진정한 경제적 자유와 시간적 자유를 위해서는 우리 사회의 5%인 시스템으로 운영되는 사업가 또는 투자자가 되어야 한다.

  현재 나의 사업 시스템은 5% 안에 있고 시간과 경제적 자유도 조금씩 이루어져 가고 있다. 무엇보다 나는 자유로운 삶을 원한다. 나의 일을 사랑하고 함께 일하는 사람들을 사랑한다.

  인생은 의도하는 자와 의도하는 대로 행동하는 자로 나뉜다. 나는 전자를 선택했다.

공부하는 CEO의 행복한 경영

공업고등학교에 입학한 뒤 처음으로 학교라는 곳이 즐겁다고 느꼈다. 선생님은 학생들에게 학습 스트레스를 주지 않았다. 끼리끼리 모인 친구들은 서로 경쟁하지도 않았다. 학교 공부도 실습 위주에 동아리 활동으로 학교 프로그램이 돌아갔다. 나에게는 처음으로 자존감을 회복할 수 있는 곳이었다.

내 인생의 첫 번째 전환점은 군 입대다. 90년대 초 군대는 아직도 구타가 있었고 환경도 열악했다. 하지만 그곳에서 나는 많은 것을 배웠다. 재력이나 학력 차별이 없는 곳이 군대다. 서울에 명문대학을 나오든 고졸이든 재벌집 아들이든 농부의 아들이든 철저하게 계급 사회였고 한 달이라도 높은 기수면 무조건 고참으로 대접을 했다. 실제로 K대, S대생이고 나보다 6살 많은 후임도 있었다. 나에게 리더십이 무엇인지 가르쳐주고 기회를 준 곳도 군 생활이었다.

군대에 오기 전까지 누군가 앞에서 지시를 하다거나 리더의 기회를 가져본 적이 없었다. 군대는 시간이 지나면 싫든 좋든 분대장, 내부 반장을 해야 하고 후임을 리더로 만들어야 한다.

그리고 무엇보다 중요한 것은 책 읽는 게 즐겁다는 것을 군 생활에서 배웠다. 나는 잘 풀린 군번이었다. 삼 병이 되자마자 우리 군번이 중대에 고참이 되었다. 군 생활을 해본 분들은 잘 알겠지만 군대라는 곳이 훈련 시간 빼면 남아도는 게 시간이다.

군대에 오기 전까지 책 한 권 읽어 보지 못한 내가 시간이 남아돌아서 처음으로 군 생활관에 배치된 책 수십 권을 읽었다. 이 경험이 나중에 내 인생의 전환점이 되었다.

첫 번째 시련 그리고 운명적인 만남

군대 제대하고 운 좋게 당진에 있는 대기업(지금 현대제철) 생산직으로 취직이 바로 됐다. 그때만 해도 국내 경기도 좋았다. 고등학교 때 취득한 자격증이 여러 개라 어려움 없이 대기업에 취직이 되었고 세상이 만만해 보였다.

높은 연봉에 숙소로 아파트까지 제공되고 출퇴근용 버스까지 있었다. 아침 8시면 수천 명의 직원들이 버스를 타고 출근하고 다시 버스를 타고 숙소로 오는 반복되는 시간이 지루해질 무렵 지금은 익숙하지만 그때만 해도 처음 들어 보는 명예퇴직자를 회사에서 모집한다는 공문이 떴다.

앞날이 뻔히 보이는 직장 생활이 지루해졌다. 달리 말하면 앞날이 보장되는 안정적인 회사였는데 젊은 혈기에 더 나은 직업을 갖고 싶었다. 다들 망설이는데 퇴직금에 5개월치 위로금까지 준다는 조건이 마음에 들었다. 25살 나는 처음 명예퇴직자로 신청을 했다.

사회에서 인정받고 남에게 도움을 주는 소방관이 되고 싶었다. 6개월간 공무원 학원에 등록했고 최선을 다했다. 그즈음 IMF 외환위기로 국가 전체가 술렁거렸다. 처음에는 외환위기라는 말조차 나와는 상관없는 일인 줄 알았다. 곧이어 대기업과 은행들이 부도 처리가 되고 공무원 모집도 무기한 연기하다는 발표가 났다.

소방공무원을 향한 꿈이 무산되고 취직 자리를 알아보는데 받아주는 곳이 없었다. 그 당시 부모님이 식당을 운영해서 어쩔 수 없이 식당 일을 도우면서 앞날을 준비했다.

식당에서 내가 만든 음식을 고객이나 친구들이 맛있게 먹어주는 게 즐거웠다. 그렇게 운명적으로 요리사가 되기로 마음먹었다.

일단 요리학원에 등록하고 조리사 자격증도 취득했다. 막상 식당에 면접만 보면 떨어졌다. 그때만 해도 남자가 요리를 한다는 게 좋아 보이지 않던 시대였다. 운 좋게 지인의 소개로 광주 충장로에 있는 이탈리안 레스토랑 주방에 막내 직원으로 취직했다. 27살에 운명 같은 요리사 생활이 시작되었다.

서울에서 유명한 셰프가 내려와 오픈한 이탈리안 레스토랑은 바로 지역 맛집으로 유명해졌다. 주방생활은 상명하복이 정확한 군대 같았다. 하루 15시간씩 일해 힘들긴 했지만 행복했다. IMF 사태로 시작한 일이지만 내 적성에도 맞고 실력도 인정받아 주방 일 시작한 지 2년 만에 이탈리안 메인 셰프 자리에 올랐다.

대기업에 다닐 때는 회사 시스템에 맞추어 기계처럼 일했는데 주방 일은 내가 시스템을 만들고 내가 원하는 대로 매장을 이끌어 갈 수 있었다. 메인 셰프가 된다는 것은 연예인과 비슷하다. 셰프 성향에 따라 매장 컨셉이 결정되고 음식이 나온다. 고객들은 매장 사장님을 보고 오는 것이 아니라 셰프의 음식을 먹고 열광하고 팬이 된다. 그래서 나를 찾아주는 고객을 위해서 열심히 공부하고 새로운 요리를 만든다.

나의 마지막 사랑

요리를 시작한 지 2년 만에 평택 원곡에 있는 저수지가 이름답게 보이는 '베로나' 이탈리안 레스토랑의 메인 셰프로 이직했다. 500평 규모의 지역 맛집으로 유명한 레스토랑이었다. 나의 경력에 비하면 파격적인 대우였고 그래서 성공하고 싶고 인정받고 싶었다.

정신없이 레스토랑을 정비하면서 조직을 만들고 있었다. 새로운 셰프가 왔으니 기존의 직원들은 떠나갔고 새로운 주방 직원을 채용하는 게 시급한 과제였다. 주방 일은 많이 힘을 쓰는 일이 많고 군대 같은 조직 문화인데다 하루 12시간 고된 작업을 해야 한다. 여직원은 살아남기 힘든 구조다. 그런데 지원자마다 여자였다. 모두 다 면접만 보고 합격 여부는 따로 연락하겠다고 보냈다. 그날도 젊은 여성이 또 면접을 보러 왔다. 왠지 모르게 그날은 느낌이 달랐다. 다음날 출근할 수 있는지 물어보고 바로 출근하라고 했다.

조금 하다 힘들면 그만두겠지싶었다. 남자 직원을 채용할 때까지 임시직이라 생각했다. 그런데 남자들도 힘들어하는 일을 야무지게 잘해내는 것이었다. 하나를 알려 주면 노트에 정리해서 다음날 작은 것 하나까지 보고를 했다. 이런 직원은 없었다. 야무진 여자 직원이 나의 아내가 되었다.

그때 아내는 조리과를 졸업하고 요리사를 꿈꾸는 23살 사회 초년생이었다. 메인 셰프인 내게 잘 보이기 위해서 최선을 다하는 모습이 좋아보였고 점차 주방 막내가 아닌 여자로 보였다. 아내도 싫어하는 눈치는 아닌 듯했다.

우리는 드라마처럼 남몰래 연애를 시작하였고 내 인생에 가장 달콤하고 행복한 시간을 보냈다. 나중에 TV 드라마 〈파스타〉의 '공효진' '이선균' 주인공인 드라마의 내용이 우리를 보고 만든 드라마 같았다. 주방에서 버럭 화내고 깐깐한 셰프가 있고 어떻게든 살아남기 위해 고군분투하면서 서로 사랑하는 사이로 발전하는 과정이 딱 우리 내용이었다.

사내 연애를 시작한 지 세 달 만에 결단했다. 내가 메인 셰프인데 막내랑 연애를 하면서 계속 근무를 할 수는 없었다. 지금 자리보다 사랑을 택했고 메인 셰프 자리는 후배에게 넘기고 매장을 떠났다.

나의 첫 메인 셰프 자리는 이렇게 끝났다. 아내를 호텔리어 되게 해주겠다며 꼬드겨서 떠난 곳이 우리 아이들 고향인 목포였다. 호텔 일은 잘못되었지만 어린 아내가 낯선 곳에서 의지할 사람은 나뿐이었고 우리는 목포에 자리를 잡고 하나가 되었다.

인생은 공부가 전부다

살면서 가장 큰 깨달음 중 하나는 내가 무엇을 알고 무엇을 모르는지에 대해 아는 것이 중요하다는 것이다. 내가 무엇을 모르는지를 모르는데 어떻게 생각을 할 수 있을까? 이걸 '메타인지'라고 한다. 내가 무엇을 모르는지 알려면 지식의 탐색(공부)을 해야 하고 이 지식의 탐색을 해야 '사고'라는 것이 가능하다.

공부해야 하는 이유는 공부하는 사람은 생각의 양이 더 많아지기 때문이다. 생각의 양이 많아지는 공부 중에 가장 좋은 방법은 '독서'이다. 나는 환경 탓도 있지만 머리가 좋지 않아서 많이 배우지 못했다. 그래도 현재 사장의 위치에 있는 건 꾸준히 독서를 해왔기 때문이라고 생각한다. 생각하지 않으면 생각하는 사람을 위해 살 수밖에 없다. 회사가 성공하려면 끊임없이 환경에 맞춰 변해야 한다. 성공의 정도가 자기 계발의 정도를 넘어서는 경우는 지극히 힘들다. 사장이 아무리 파이팅을 외쳐봤자 아무 일도 일어나지 않는다. 사장이 먼저 바뀌어야 한다. 내 능력치를 올려야 하고 생각을 바꾸고 일에 주제를 바꿀 수 있어야 한다.

사장은 일을 '양'으로 하는 것이 아니라 '질'로 승부해야 한다. 하지만 대부분 원래 하던 일만 잘하면 된다고 생각하기 때문에 회사의 모든 일을 자신이 처리하려는 경우가 많다.

나의 가장 큰 장점은 나의 부족함을 인정하는 것이다. 부족함을 인정하면 직원들에게 리더십 발휘가 안 될 것 같지만 나는 그렇게 생각하지 않는다. 내가 먼저 공부하고 변화된 모습을 보여 주는 것이 가장 좋은 리더십이다. 또한 내가 부족하다는 점을 인정함으로써 내 주위에 나보다 나은 인재를 옆에 두려고 노력한다. 실제로 우리 회사의 직원들은 학력으로 보나 능력으로 보나 나보다 뛰어난 인재들이다.

나는 돈보다 삶의 가치가 중요하고 돈보다 가족이 더 중요하고 돈보다 행복하게 사는 것이 중요하고 돈보다 자유가 더 중요하다. '나는 돈을 벌려고 힘들게 사느니 그냥 평범하게 살겠다.' 20대 때 자주 하던 말이다. 얼마나 바보 같고 위선적인가!

평범하게 산다는 것이 얼마나 어려운 일인지 아는 데는 오랜 시간이 걸리지 않았다. 돈 때문에 병원에 못가고 돈 때문에 결혼을 고민하고 돈 때문에 아이 갖는 것을 갈등하고 돈 때문에 하기 싫은 일을 하면서 가족과 시간을 보내지 못한다. 이것이야말로 돈의 노예 상태다. 사람들은 돈보다는 자유를 원한다고 말한다. 하지만 자본주의 사회의 틀 안에서 자유를 얻으려면 돈이 필요하다. 그렇다고 돈의 노예로 살자는 뜻은 아니다. 일단 돈에 우선순위를 두고 성공한 다음 필사적으로 '마음'을 연마하여 돈으로부터 자유로워지는 것이다.

내 주위에 정말 열심히 성실하게 사는 친구들이 많다. 하지만 돈은 행복의 한 조건일 뿐인데, 돈을 벌기 위해서 행복할 시간조차 없다면 지독한 모순 아닌가! 나는 이것을 해결하고 싶었다. 그리고 그 친구들에게 방법을 알려 주고 싶었다. 보여 주고 싶었다. 그래서 우리 회사명이 '행복을 만드는 사람들'이다. 오늘도 사장 역할을 잘하기 위해 책을 읽고 글을 쓰고 공부한다.

지금 어딘가에서 누군가는 사장으로서 감내할 두려움·책임감으로 고군분투 할 것이다. 진심을 몰라주는 직원들에 대한 서운함과 그 누구도 사장을 깊이 이해해 주지 않는 무심함으로 힘들 수도 있다. 그러나 사장이라는 자리가 아무리 힘들고 어려워도 한번 도전해 볼 가치가 있다. 나의 이야기가 단점을 극복하려고 애쓰고 있는 사장님과 사장이 되려고 노력하는 예비 사장님에게 조금이나마 도움이 되었으면 한다.

Epilogue

　회사의 CEO로서 나의 생각을 글로 표현 못한다는 것은 치명적인 단점이었다. 그래서 블로그 서평 쓰기를 시작하면서 책 쓰기에 관심을 갖고 5명의 작가와 책 쓰기에 도전했다.

　함께 글을 쓰고 고민하고 화보 촬영을 하고 리딩을 하면서 혼자는 어렵지만 함께하면 가능하다는 소중한 체험을 했다.

　함께한 작가님들에게 감사드리고 나에게 용기를 북돋아 주고 블로그를 시작하고 책 쓰기에 용기를 준 나의 사업 파트너이자 인생 친구인 김규열 대표에게 감사를 전한다.

　'아는 만큼 보인다'는 말을 좋아 한다. 맞는 말이지만 때로는 아는 게 보는 걸 방해하는 경우도 있다. 배운 것에 얽매여 제대로 보지 못하면 성장이 멈춘다. 그러면 인생이 재미 없어진다. 인생의 2막을 시작한 지금 익숙하고 편한 사람과 익숙한 생활방식과 습관을 버리고 새로움에 도전하면서 살라고 말해주고 싶다.

　나는 누군가를 도와주고 성장하는 것에 늘 기쁨을 느낀다. 그러기 위해서는 나 자신이 더 성장하고 나를 필요로 하는 사람을 도와 드리고 같이 성장하는 삶을 살고 싶다.

CEO의 책상

Part 3.
K-Color로 세계화의 문을 열다

두민철

대학에서 지역계획학을 전공하고 13년간 금융업을 영위하다 이후 경영학 및 대학원에서 코칭심리를 전공하고 코코리색채연구소를 10년째 운영 중이다. 퍼스널컬러 업체로는 드물게 미국특허 출원 등 15건의 지식재산권을 기반으로 과기부 연구소기업, 중기부 혁신성장형 벤처기업 인증을 획득했다. 현재 글로벌 K-컬러를 모토로 해외 지사 및 국내 제휴점을 운영하며 퍼스널컬러 추천 앱과 보급형 측색기, 키오스크를 개발하여 기술 주도형 Color-ICT 산업을 이끌고 있다.

'컨텐츠'는 창의력과 상상력이 더해져야 한다

90년대 말 인터넷TV 컨텐츠 개발

1996년 군에 있던 나는 IMF 금융위기가 남의 일처럼 여겨졌다. 하지만 제대 날짜가 다가오자 말년 병장의 느긋함은 급박한 현실이 되었다.

이력서를 넣어봐야 취업이 어렵다는 판단이 섰다. 그래도 취업 기회가 많을 것 같은 서울에서 직장을 찾아보기로 마음 먹었다.

제일 먼저 한 일은 신문을 돌리는 일이었다. 사람들의 시선을 의식하기보다 무슨 일이든 열심히 하려는 자세가 중요하다고 생각했다. 허드렛일이라 여기는 많은 일들이 사회를 구성하는 중요한 일일 수도 있기 때문이다. 생활 패턴이 바뀌었기 때문에 새벽에 일어나는 일이 힘겨웠다. 그런데 사람이라는 유기체는 놀라우리만치 적응력이 강했다. 열흘이 되지 않아 자동으로 눈이 떠졌다. 그렇게 3개월이 지나 신문 부수를 2배로 늘렸지만 경제적 곤궁함은 벗어날 수 없었다. 추가적인 일거리를 찾았다.

때마침 같이 신문을 돌리던 동료의 소개로 공항 주변의 주차장에서 일할 수 있었다. 해외를 오가는 손님의 차량을 인수하거나 인도하는 일이었다. 대기 시간에는 세차를 했고 가끔 임창정, 장미화 등 연예인도 볼 수 있었는데 그때마다 '나는 언제쯤 고급 외제차를 타 보나…' 부러운 시선으로 그들을 봤다.

그런 부러운 삶을 살기 위해서는 아르바이트만 할 순 없었다. 기술을 익힐 만한 곳이 있는지 알아보던 중 건축 관련 기능사나 기사, 산업 기사 자격증을 취득할 수 있다는 직업전문학교에 입학했다. 입학한 사람들은 기본적으로 기능사 시험을 보았다. 나는 조적 기능사에 도전했다. 벽돌을 한 장 한 장 쌓으면서 지금 이 시간도 성공을 위한 내 인생의 소중한 한 장의 벽돌이 아닐까 하는 생각이 들었다.

벽돌을 쌓을 때는 우선 수직과 수평을 정확하게 잡아야 한다. 수준기와 추를 이용하여 기준을 잡아줘야 하는데 이 작업이 제대로 되지 않으면 기울기가 틀어져 벽돌을 쌓을수록 무너질 위험이 커진다. 그리고 벽돌과 벽돌 사이가 잘 붙을 수 있도록 몰탈을 사이에 넣어야 한다. 인간관계도 이와 같지 않을까. 배려와 성실이라는 수준기와 추로 올바른 틀을 갖추고 인간관계에 있어서 신뢰라는 몰탈이 필요하다.

그렇게 경제 위기로 실직한 사람들과 취준생들 그리고 남편의 실직으로 일을 찾아야 하는 주부들. 저마다 사연을 안고 역경을 이겨내고자 하는 의지로 모인 사람들은 조금씩 서로의 품을 내어 주며 위로하고 있었다.

 세 가지 일을 하며 바쁜 나날을 보내던 어느 날 대학 선배로부터 연락을 받았다. 지인이 인터넷 방송국을 설립하는데 같이 일 해보자는 제안이었다. 나를 필요로 하는 사람이 있다는 것. 내가 누군가에게 도움이 될 수 있다는 것이 나의 존재감을 일깨웠다. 사람의 욕구 중에 인정욕구는 본능적 욕구만큼 강력하다고 한다. 타인에게 전적으로 인정받기 위해 산다는 건 의존적인 삶이다. 그러나 힘든 시기에 지인이나 가족에게 인정받는 것은 지지와 지원을 의미하는 것이라 생각한다. 그래서 나를 자신과 뜻을 같이 할 수 있다고 여겨 찾아준 선배가 정말 고마웠다.
 IMF 이후 벤처 붐이 일었다. 아이디어가 있다면 누구나 도전하고 노력에 따라 성과를 얻을 수 있는 벤처 정신이 국민들에게 희망을 주던 시절이었다.
 대표님을 중심으로 인플루언서라 할 만한 분들이 상임위원 및 자문단으로 구성됐고 라디오 방송과 스튜디오 출신의 PD들로 방송 실무 인력이 꾸려졌다.
 인터넷방송을 전혀 몰랐던 내가 잘 할 수 있을까 하는 불안감도 있었지만, 날 때부터 잘하는 선수가 있는가? 나는 어떤 일이 주어져도 프로가 될 수 있다는 마음만은 누구에게도 뒤지지 않았다. 무슨 일이든 정성을 다하면 성공할 수 있다는 스스로에 대한 믿음이 있었다.

나를 이끌어 준 선배와 함께 기획팀에 배정됐다. 그러나 패기와 정성만으로 일을 잘 할 수는 없다. 특히 기획팀은 사업 전반에 관한 이해가 필요했기에 우선 컴퓨터 프로그래밍 기초인 HTML과 인터넷 마케팅에 관한 서적들을 사서 공부하기 시작했다. 기술적인 문제는 웹프로그래머와 디자이너가 처리했고, 방송 제작은 PD들이 진행했다. 기획팀은 사업의 맥락을 파악하고 컨텐츠 기획과 마케팅 업무를 주로 수행했다.

일은 힘들고 어려웠지만 나는 인터넷 시대 한 가운데 있다는 자부심이 있었다. 새로운 세기인 21세기가 나에게 행운을 가져다 주리란 기대감이 있었던 것이다. 그런 기대어린 열정으로 사명 공모에서도 아이디어를 내어 당선되었다. 당시 우리 회사는 토론·이슈 전문 방송으로 논쟁이 되는 사회 문제를 깊이 있게 다루는 인터넷 방송국이었는데, 인터넷TV라는 미래의 대안을 제시한다는 의미를 담아 '제3TV'를 제안하였다.

대안이 있다는 것, 대안을 제시할 수 있다는 것은 중요한 것 같다. 개인적으로든 공적으로든 중요한 사안을 결정해야 하는 선택의 순간은 항상 존재한다. 그때마다 위기를 극복할 대안은 어디에서 나올까 그것은 다양한 경험에서 얻은 지혜와 학습을 통해 얻은 지식이 아닐까한다. 사람은 누구나 사고의 기준이 되는 내적 모델이라는 것이 있다. 이것이 우리가 생각하고 느끼고 행동하는 토대가 되는 것이다.

    회사에서는 교양 프로그램도 제작했는데 바로 DJ 이종환씨가 진행하는 '추억의 팝송' 이라는 코너다. 매주 녹음본을 받으러 가는 담당이 나였다. 그가 사는 여의도 아파트로 찾아갈 때마다 런닝구 차림으로 녹음 CD를 건네주며 환하게 웃던 이종환씨 모습이 생각난다. 이종환씨는 동굴 저음에 정확한 발음과 해박한 지식으로 멋지게 라디오 방송을 진행한 DJ계의 대명사였다. 프로페셔널한 이면에 런닝구 차림의 수더분함이 묻어나던 그의 목소리가 그립다. 유난히 많은 사람들이 따랐다는 그는 일과 삶의 균형이 무엇인지 잘 보여준 시대의 풍운아가 아니었을까.
    우리의 메인 컨텐츠는 토론과 이슈였다. 그리고 우리의 주타겟은 30~40대 전문직이었다. 그렇기 때문에 참여연대의 손혁재 교수, 경제전문가 김방희 씨 등 각 분야 전문가들이 토론을 진행하였다. 이만섭 국회의장, 김진명 작가, 옥션 이금용 사장, "용하다 용해 무대리"의 강주배 작가 등을 인터뷰 하고 당시 첨예한 사회 현안이었던 남북문제에 대한 토론 프로그램을 제작하였다.

지금 생각하면 시대를 조금 앞서지 않았나 생각한다. 메인 컨텐츠를 토론으로 한다는 건 어느 정도 이상의 의식수준이 전제되어야 한다. 미래학자 토머스 프레이도 "소득이 3만 달러가 넘으면 물질보다 경험에 투자한다."고 했다. 사람들이 여유가 있어야 경험에 관심을 갖기도 하고 사회문제에도 참여하지 않을까. 2000년도는 GDP가 1만 달러 정도였다.

KT와 컨텐츠 제공 계약을 하는 등 다소 성과도 있었지만 객관적인 환경을 고려하고 고객의 니즈를 파악하는 과정이 있어야 하지 않았을까.

그럼에도 불구하고 토론을 메인으로 하고자 했다면, 기존의 방식이 아닌 우리만의 방식으로 토론을 구성했으면 하는 아쉬움도 남는다. 좀더 스마트한 진행과 대중과 친숙한 접근 방법을 제시했으면 좋았을 것이다.

오히려 지금이라면 수요가 있을 것이다. 인터넷 매체가 다양화 되고 이용층이 두터워져서 이슈화된 내용을 심도있게 다루는 컨텐츠도 꽤 인기가 있지 않은가.

그렇게 직원은 점점 늘어 10여 명이 되었고, 직접적인 수익은 거의 없었다. 1년여 만에 5억원이라는 투자비를 날리고 회사는 문을 닫아야 했다. 돌이켜보면 그렇게 좋은 인적 네트워크가 있어도 사업이 쉽지 않음을 알 수 있었다.

당시 국회의장 아들, 청와대 비서관 출신 사업가, 방송인, 정치인, 다수의 교수들이 주주 및 운영진으로 참여했었다. 서민 빌라 한 채가 5천만 원 정도 하던 시절에 5억이라는 돈은 결코 작은 금액이 아니었다.

당시에는 광케이블 인터넷이 보급되어 사람들이 다양한 컨텐츠에 관심을 보이긴 했지만 대중적이지 않은 소재에 대해 시간과 에너지를 과다하게 투입한 것이다. 예를 들어 비전향 장기수를 북송하는 정치적인 문제에 일반인들이 얼마나 관심이 있었을까? 단기 매출을 올려줄 상품과 서비스가 없는 상황에서 전반적인 전략의 부재와 시장 파악의 부족함이 파국을 부른 것이다.

사업은 누구나 시작할 순 있지만 시장에 대한 통찰력이 없다면 성공을 보장할 수 없다.

예명은 '바로' 휴대폰 번호는 '팔구팔구'

첫 직장을 얻게 해준 선배의 권유로 다시 하게 된 일은 영업직이었다. 중고차매매단지에서 할부금융(캐피탈) 알선하는 일이었는데, 당시 사장은 동향 분이었고 김할부라는 예명으로 주가를 올리던 사람이었다. 우리는 각각 본명 외에 예명을 가지고 있었는데 "할부,

대출, 신용..." 이런 식이었다. 마치 연예인들처럼 말이다. 나는 뭘로 예명을 지을까 생각하다 교육 받을 때 고객을 알선하는 딜러들은 대출 송금을 빨리 해주는 걸 선호한다는 얘길 들었다. 승인 시간이 길어지면 고객 마음이 변심해서 차량 구매를 포기하거나, 추가적인 서비스를 요구한다는 것이다. 그래서 나는 바로바로 승인내고 송금해준다는 뜻으로 "바로"정했다. 회사에서는 영업직원들에서 핸드폰을 번호도 지급했는데, 그 번호가 거꾸로 하면 할부와 발음이 비슷한 "팔구팔구"다. 이런 인연으로 나는 23년 째 이 번호를 사용하고 있다.

신월동에서 업무를 익히고 광명에서 영업을 시작하였다. 영업은 생각만큼 쉽지 않았다. 명함을 건네도 기존 거래처가 있었던 딜러들은 냉담했다. 예상은 했지만 인사도 받지 않는 건 물론이고 심지어 받은 명함을 바로 버리는 수모도 겪었다. 사람의 마음을 얻는다는 게, 물건을 판다는 게 이렇게 어려울 줄 몰랐다.

당시 사회 분위기는 영업 직원을 홀대하거나 천시하는 경향이 있었다. 자신들이 갑의 위치에 있다는 걸 알고 있고 기존 거래처와 관계도 무시할 수 없기에 이해할 수는 있었다.

그러나 나는 영업이야말로 가장 정직하고 창조적이며 지적인 활동이라 생각한다.

시간을 투자하여 열심히 뛴 만큼 성과가 나오고, 남들과 경쟁하기 위해 창조적인 아이디어를 내야 한다.

  한 달 동안 아침 점심 저녁 꼬박 세 번씩 사무실을 방문했다. 그러고 나니 인사는 받아주었다. 그래도 불러주는 딜러는 극소수였다. 획기적인 계기가 필요했다. 고민한 끝에 중고차 시세표를 판촉물로 제공했다. 딜러들은 차 가격을 모두 외울 수 없었기 때문에 시세표를 사용하였는데 당시 가격이 1500원 정도였다. 사정에 따라 두 달 또는 세 달에 한 번 사곤 했는데 여기에 나의 명함 스티커를 붙여 배포하였다. 반응은 꽤 좋았다. 뭔가 알 수 없는 희열이 느껴졌다. 드디어 벽을 깬 것이다. 성공 요인은 무엇이었을까? 나는 그들의 욕구를 채워줬던 것이다. 매월 시제 변동을 알고싶지만 가격 변동성이 많지 않은 차량도 있다. 그래서 격월로 사야 했는데 그걸 공짜로 매월 받을 수 있으니 내가 싫을 이유가 없었던 것이다. 그렇게 영업 3개월 차 5억이라는 실적을 올렸다.

  그런데 타사에서 내 시세표에 두 세배나 되는 양을 딜러들에게 배포하였다. 그것도 나와 똑같이 스티커 명함을 붙여서 말이다. 나는 나의 장점과 단점을 생각해 봤다. 그래서 나온 해결책이 오래된 딜러들보다는 신입 딜러들을 대상으로 하는 판촉물을 찾자는 것이었다. 바로 주차장 지도다. 신입 딜러들은 매매상 주차장이 어디에 있는지 기억하기 쉽지 않다. 나는 3층으로 된 3개의 주차장을 오르내리며 매매상사 주차장 위치를 지도로 만들었다. 그리고 그것을 중고차 시세표 뒷면에 부착하였다. 반응은 뜨거웠다. 딜러들의 호응이 이어졌다. 분기탱천한 나는 더욱 분발했고 이는 매출로 이어져 10억 달성을 눈앞에 두고 있었다.

그런데 아뿔사~ 타사들이 몇 달이 지나자 다시 똑같이 따라 했다. 당시엔 디자인권이나 상표권 등 지식재산권에 대해 무지했기 때문에 아무런 대응조치도 하지 못했다. 하지만 시장은 알고 있다. 요즘 소비자들은 원조가 누구인지 알아서 돈쭐을 내준다고 한다.

이렇듯 직접적인 자본은 투여하지 않았지만 영업은 잠재력이라는 자본을 최대화했을 때 빛을 발하는 멋진 업종이다. 이를 계기로 나는 사업에 눈을 뜰 수 있었다.

성과는 혼자서 내는 게 아니다

결국 어쩔 수 없이 두 번째는 창업을 해야 했다. 당연히 신중할 수밖에 없었다. 무엇보다 체계적으로 사업을 하고 싶었다. 그래서 이번엔 사회 경험이 많던 셋째 형님과 동업을 했다. 그리고 벤치마킹도 시도했다.

차량 판매에서 이익을 못 내도 할부 매출을 최고 단계로 올려서 최대한의 수익을 올리는 전략이다. 병법에 성동격서라는 격언이 있다. 동쪽을 공격할 것처럼 소란스럽게 군대를 배치하지만 사실은 서

쪽을 본격적으로 공격하여 승리를 거두는 것이다. 이는 정작 칠 곳이 따로 있다는 것인데, 이는 궁극적인 승리를 이룰 수 있는 전략적인 공격을 의미한다. 여기서 간과하지 말아야 할 것은 동쪽에서도 패배를 하면 안된다는 것이다. 동쪽에서의 패배는 연패를 초래할 수도 있다. 여기서는 투자를 최소화 한다는 뜻이지 실패의 의미는 아니다. 나는 이 전략을 쓰기 위해 차량 매매 팀을 꾸리려고 120평 규모의 사무실을 얻었다.

이외에도 시장의 니즈에 부응하기 위한 또 다른 준비를 했다. 딜러들이 보는 중고차매물정보지(시세표와는 다르게 실매물로 존재하는 차량을 의미한다)를 IT 기술로 접목하여 단말기를 통해 매물정보를 서비스 하고자 했다. 한 걸음 더 나아가 여러군데 캐피탈 전산 정보를 통합하여 신용조회 한 번으로 고객들의 대출 승인율을 높이고, 최저 이율을 단시간에 추천하는 프로그램의 개발을 장기적으로 추진하였다.

지금처럼 정보통신기술이 발달한 시기는 아니었기 때문에 최신 기술 도입이 시장을 선도할 수 있다고 판단한 것이다. 그러나 IMF를 극복한 우리나라의 경기가 안정되어 감에 따라 이자율이 떨어져 마진율이 지속적으로 하락하던 시기임을 알아차리지 못했다. 인터넷 방송 시절처럼 환경 변화를 읽지 못한 것이다.

설상가상으로 매물정보지 단말 서비스 기계만 수천만 원을 투자해 구입했는데 서비스 제공 업체가 파산해 버렸다.

다른 방법이 없었다. 고육지책으로 가양동 시장은 포기를 하고 예전에 영업을 하던 광명으로 사무실을 옮겨 다시 직접 영업을 뛰기로 했다. 하지만 광명 시장은 이미 죽어 있었다.

불이 사방으로 번졌다. 이 와중에 후배가 매매단지를 독점할 기회가 있는데 접촉해 볼 건지 물어왔다. 줄어드는 매출, 떨어지는 수익성, 투자 실패 지푸라기라도 잡고 싶은 심정이었다. 아니 천운일 수 있다는 막연한 희망도 품었다. 조심하라는 주위의 만류는 귀에 들어오지 않았다. 내실이 없는 사업인데도 허울 좋은 사회적 위신이 추락하는 것을 두려워 했던 것이다.

시행사 조합장과 계약까지는 순조롭게 이어졌다. 문제는 분양이었다. 이미 주변에 큰 매매단지가 있었고 지방이라 분양이 힘든 환경이란 걸 파악하지 못한 것이다. 나는 분양 전에 입주했기 때문에 월세는 매월 나가는데 매출은 없었다. 나는 시행사가 계약 포기를 하면 보증금을 돌려주겠다는 마지막 제안을 거절하는 우를 다시 범하고 말았다. 결국 겨우 몇천만 원의 보증금만 찾을 수 있었고 매매단지 독점 계약을 포기해야 했다.

급할수록 돌아가라고 했다. 나는 허울 좋은 명성이 사그라드는 것이 두려워 바보 같은 결정을 한 것이다.

힘들더라도 제대로 된 길을 가야 한다. 돌아가는 것처럼 보이지만 그것이 진정한 성공의 길이다. 조금 여유를 가지고 돌아가다 보면 새로운 길이 보일 것이다.

힘들면 한숨 쉬자.
쉬지 않으면 정리가 안된다.
정리가 안되면 상황 파악도 안된다.
나는 돌아가지도 쉬지도 않았기 때문에
다시 일어설 밑천마저 잃어버린 것이다.

　내 적성에 맞는 일은 무엇일까?
적성에 맞는 일이란 게 있긴 있을까? 지금도 고민한다.
　지금 하는 일이 사회에 좋은 영향을 줄 수 있는 일이고, 내가 인생을 바칠 만큼 가치 있는 일일까? 그동안은 잘 풀리는 일이 천직인 것 같았고, 안 풀리는 일은 적성이 아니라 생각한 것 같다.
　흔히 말하는 수저론으로 따져 봤을 때 나는 흑수저다. 돈도, 배경도, 학벌도 대단하지 않았다. 유태인 사회처럼 부모들이 자식의 재능을 발견할 때까지 경제적 지원을 해주는 그런 사회 환경에서 자란 것도 아니다.
　그래도 인터넷 방송국과 할부금융업에 적응은 잘 한 것 같다. 그렇지만 모두 의지와는 관계없이 또는 실수로 접어야 했다.
　교세라 창업자인 이나모리 가즈오 회장은
"끌려다녀서는 아무것도 제대로 할 수 없다."고 했다.
　결국 지금 하고 있는 일을 주도적으로 최선을 다해야 한다는 답에 이른다. 그는 어떤 상황에서건 태도를 언급한다. 작은 일이든 큰일이든 성패를 가르는 건 일을 대하는 자세의 문제라는 것이다. 작은 일도 성실하게 수행할 때 그것이 몸에 익어 습관이 된다. 그래야 큰 일도 꼼꼼하게 챙겨 성사시킬 수 있단다. 그런 측면에서 본다면 나는 어느 정도 성공한 것 같다.

다만 "왜 일하는가?"라는 근본적인 질문에는 답을 구하지 못했다.

일에 전념함으로써 삶의 모든 고통을 이겨냈고 운명을 이겨낼 정도의 철학을 실천했던 그가 위대해 보였다.

그가 죽을 때까지 일을 할 수 있는 비결은 "지금 내가 하고 있는 일에 전념하자"라는 생각이었다고 한다.

이것은 일에 대한 태도이자 기본이라 생각한다. 운명은 내가 선택할 수 없다. 환경 또한 선택할 수 있는 것처럼 보이지만 어쩌면 이미 사회가 만들어 놓은 환경에서 선택할 수 있는 작은 기회만 있을 뿐이다.

결국 가치 있는 미래를 열어나갈 방법은 현재 어떤 일을 하건 그 일에 집중하고 몰입하여 스스로 비전을 만들어 가는 것이 아닐까.

퍼스널컬러 컨텐츠로
글로벌 K-컬러를 꿈꾼다

길을 잃어야 길을 찾는다

어떤 미혹에도 흔들리지 않는다는 '불혹'에 길을 잃었다. 사업은 스트레스와 긴장의 연속이다. 그것을 피해 갈 방법은 없다. 그래서 '피할 수 없으면 즐기라'라고 했던가? 사업이란 것은 잘 될 수도 있고 안될 수도 있는 것이다.

다만, 비전이 있는지, 목적이 명확한지 즉 사업을 해야 하는 이유가 명확해야 했다. 끊임없는 부의 축적이 목적이 된다는 것은 불행한 일이다. 끝내 이룰 수 없을 테니까….

행복에 이르기 위해서 만족이라는 분모를 줄여야 한다고 한다. 그러려면 작은 것에 만족해야 한다. 심리학자들의 분석에 의하면 명상을 즐기는 사람들이 고통을 덜 느낀다고 한다. 그들은 자연의 작은 움직임에도 귀를 기울이며 신비로움을 느끼며 살기 때문이다.

나는 하는 일에 대한 목적을 분명히 하고 작은 일에도 행복해지기 위한 일을 찾아 헤맸다.

예전에 여유로울 때 내가 평생 할 수 있는 일이 무엇일까 생각해 봤다. 서예와 검도를 평생하고자 마음 먹었다. 마음을 평온하게 하고 내 몸 하나 정도는 스스로 지키고 싶었던 것이다. 하지만 이 두 가지는 시도도 해보지 못했다. 살아가면서 내 뜻대로 뭔가를 하는 게 과연 몇이나 있을까? 반대로 아무 생각도 하지 않았는데 하게 되는 경우가 있다. 앞에서 언급한 나의 두 가지 직업이 그랬다. 유발 하라리 말처럼 사회에 의해 양육된다는 느낌. 나의 의지와는 관계없이 환경이 어떤 일을 하게 만드는 경우가 더 많은 것 같다. 하지만 나에게 색채는 달랐다.

日常色彩로 나를 찾아주는 '코코리색채연구소'

아무 일도 손에 잡히지 않고 마음 둘 곳을 정하지 못하고 있던 중 아내가 개업해 운영하던 색채연구소에 가게 되었다. 같이 해보자고 계속 권했지만 나는 셔터맨이 될 것 같은 불길한 예감에 한사코 거절했다.

일을 하게 된 결정적인 계기는 우연하게 접한 한 권의 『색채심리』 책이었다. 나는 왜 지금껏 단 한 번도 세상이 이런 색깔로 보이는지

의문을 갖지 않았을까? 우리를 둘러싼 모든 것이 색인데도 말이다. 나는 어떤 힘에 이끌리듯 색에 대한 호기심이 일었다. 그러고 보니 심리학을 대학입시 때 2차 지망으로 선택했었다. 어쩌면 지금까지 내 삶은 색채심리를 하기 위해 끊임없이 스스로 환경을 만들어 왔는지도 모르겠다.

아버지가 돌아가신 뒤로 줄곧 죽음에 대해 생각을 했었다. 사후 세계를 생각하면 막연하게 적막한 어둠이 떠올랐다. 문득 하늘을 바라봤을 때 내가 무슨 생각을 해야 할지 모르는 경우가 있다. 색채는 비밀스럽고 알 수 없는 인생과 자연에 대한 힌트를 준다.

뭔가 해결해야 할 사명 같은 것을 받은 기분이었다. 첫 번째 직업과 창업이 선배라는 인연에 의해 주어졌고, 이번에는 결혼이라는 인연에 의해 기회가 주어지는 것일까?

일반인에게 가장 친숙한 색채심리 프로그램으로 '오라소마'가 있다. '빛의 존재'라는 뜻으로 영국인 비키 월이 1983년에 개발한 컬러 치유 프로그램이다. 오라소마의 '이퀄리브리엄 바틀은 천연 허브추출물과 에센셜 오일, 보석과 크리스탈의 에너지를 포함하고 있으며, 오일(상단)과 물(하단)로 구성되어, 각각의 바틀은 다채로운 컬러의 독특하고 고유한 에너지와 진동을 지니고 있으며 공감적 공명을 통해 에너지와 의식에 작용한다.'고 하며 4가지 색을 선택하게 하여 현재 상태를 파악하고 그에 따른 대안을 제시한다.

퍼스널컬러의 신뢰도와 홍보 두 마리 토끼가 있는 대학에서 강의하는 모습

그리고 일본 최고의 색채심리학자라는 스에나가 타미오의 '색채기억'이라는 심리 프로그램은 어렸을 때 기억하는 컬러를 현재의 삶과 연결하여 색에 의해 일어나는 감정으로 치유하는 프로그램이다. 이 외에도 하워드와 도로시의 '리빙 컬러' 등이 있지만 우리나라는 아직 대중적인 색채심리 프로그램이 없다.

어떤 색채심리 프로그램을 가르칠까 고민하던 중 아내와 함께 색채를 공부하던 박사님이 일본에서 CAMES라는 프로그램을 도입하였다는 소식을 접했다. 지금까지 봐 온 책이 주로 사회과학 분야여서인지 합리적이라 판단되지 않으면 기피했던 터였다. 그런데 CAMES는 좀 달랐다. 기존 색채심리 프로그램이 주로 추상적이고 상징적인 의미를 얘기했다면 이 책은 과학적인 접근을 시도하고 있었다. 예를 들면 빨강이 어떻게 인간의 행동에 영향을 미치는지 빛을 다루는 물리광학과 시신경을 다루는 생리학 그리고 이러한 정보가 어떻게 뇌에 전달되는지 뇌신경학을 통해 설명하고 있었다.

파장, 추상체, 시냅스, 모든 단어가 낯설어 어려웠지만 한 편으로 재밌고 신기하기도 했다. 그리고 내게
이런 학구열이 있는지 미처 알지 못했다.

CAMES 한국지부가 광주에 있어서 몇 달 동안 아내와 서울과 광주를 오가면서 강사 자격을 취득했다. 그리고 최초로 경기도 인증학교 라이센스 계약도 체결했다. 박사님과 관계도 좋아 당시 조선대학교 디자인대학원에 CAMES 과정에 아내가 강의를 할 수 있도록 주선해 주었다. CAMES 자격 취득 후 아내와 나는 색채심리는 물론 색과 관련된 책이라는 책은 고서적과 신간을 가리지 않고 사보았다. 그때 구입한 책 중에는 색채학의 3대 거장이라 할 수 있는 괴테, 파버 비렌, 오스트발트의 1974년 출판 본도 있다.

당시 아내는 컬러리스트 등 관련 자격증이 10여 개가 있던 터라 색채심리 자격 과정도 개설했다.

그런데 아뿔사 블로그를 개설하고 홍보를 하였지만 좀처럼 고객이 모이지 않았다. 실제로 색채학은 매우 난해한 학문이다. 자연과학자이자 작가였던 괴테도 색채 공부만 20여 년을 했다고 한다. 그런 석학도 20년을 하는 학문인데 거기에 심리가 더해진 색채심리다. 보통 1만 시간은 공부해야 전문가가 된다고 했다. 자격증을 취득했다고 쉽게 가르칠 수 있는 학문이 아니었던 것이다.

그러던 중 더 큰 문제가 발생했다. 당시 CAMES 한국지부에서 사무장으로 있던 남성분이 박사님과 관계가 틀어져 나갔는데, 박사님은 그분을 우리가 채용하였다고 오해를 한 것이다. 당시 가뭄에 콩나듯 오는 수강생을 나도 가끔 가르쳤는데 그때 올린 수업 장면 속에 있던 나를 그만둔 사무장으로 착각한 것이다. 사태는 쉽게 해결되지 않았다. 상황을 설명했지만 박사님은 "인터넷에서 CAMES를 검색하면 왜 코코리색채연구소가 먼저 나오느냐?"고 이해할 수 없는 문제 제기를 하였다. 우리는 우리대로 "당연히 소개 글을 많이 올리니까 먼저 검색되는 걸 어떻게 하느냐?"고 반박하였다.

결국 문제는 오해만 쌓인 채 유야무야 봉합되었다. 그래서 우리는 당분간 국가기술자격증인 컬러리스트 과정에 집중하기로 하였다. 그런데 그마저도 신통치 않았다.

1년간 2명의 색채심리 수강생...무엇이 문제였을까.

사업을 13년을 한 지금도 나는 사업성을 따지기보다는 내가 하고 싶은 것에만 집중한 것은 아닐까. 사람들은 흔히 "자연스럽게 다 보이는데 무슨 색채 공부를 한다는 것인가?"라고 생각할 수 있다는 점을 간과한 것이다. 색의 선택은 센스로 해결되는 것이란 생각이 지배적이다. 우리가 물을 마시듯 무의식적 행동인데 색의 필요성을 인식하게 한다는 건 정말 어려웠다.

어떻게 하면 이런 생각을 바꿀 수 있을까?

문제의 본질은 하나였다. 왜 감각이 아니라 의식적으로 색을 선택해서 사용하는 게 중요한지를 알려야 하는 것이다.

컬러리스트에 대한 문의가 드문드문 올 뿐 색채심리 수강자는 거의 없었다. 점점 지쳐갔다. 나는 그나마 사업 경험이 있었지만 아내는 직장생활 한 것이 전부였다. 실패를 경험한 터라 두려움은 더 커졌다. 아내 또한 처음하는 사업에 대한 기대가 무너지자 망연자실하는 기색이었다.

MZ세대에서 '답'을 얻다

2013년 어느 날 인터넷을 뒤지던 중 20대 여성들 사이에 유행하는 '퍼스널컬러'라는 프로그램을 알게 되었다.

한때 미술치료가 성행했던 적이 있다. 프로이트와 융에 의해 시작되어 1940~60년대 나움버그와 크레이머, 울만에 의해 발달 된 미술 치료는 1992년도에 우리나라에 도입되었다.

미술치료는 색과 형태를 통해 자신을 표현하는 과정에서 내면을 이해하고 새로운 자신의 발견을 통해 내적 성장을 이룬다는 개념이다. 말로는 표현할 수 없는 것들을 표현하고 상호작용을 통해 무의식적인 부분까지 탐색하게 하는 효과가 있다는 것이다.

퍼스널컬러는 색상천과 피부를 대조하여 피부톤을 따뜻한 컬러와 차가운 컬러로 구분하고 음영이 생기지 않고 이목구비가 또렷해 보이거나 생기 있게 보이는 컬러를 찾아주고 있었다. 외적인 이미지에 치중한 것이다.

경제적인 큰 어려움 없이 성장하여 자신의 감정을 비교적 솔직하게 드러내는 MZ세대와 잘 맞을 것 같았다. 그들은 SNS에 자신의 일상생활을 드러낼 수 있는 뷰티, 패션, 여행, 쇼핑, 명품, 자동차 등에 대한 관심이 많다. 그들이 관심을 갖는 퍼스널컬러가 피부색에 맞는 패션 컬러를 찾아주는 것에서 시작된 것은 우연이 아니었던 것이다.

2022년 국내 패션 시장 규모는 약 45조, 화장품은 약 20조다. 해외에서 우리나라는 뷰티 외에 다양한 분야에서 각광받고 있다. K, K, K, 거의 모든 산업 분야에 케이가 들어갈 정도로 K브랜드 광풍이 부는 것이다. 이 말은 국내에서 팔리는 것은 해외에도 먹힌다는 말이다.

패션과 뷰티는 실과 바늘이다. 피부색과 어울리는 패션컬러와 색조화장품을 찾아주는 퍼스널 컬러는 잠재된 폭발력이 있는 아이템인 것이다. 어쩌면 퍼스널컬러는 우리가 하고 싶은 색채심리나 컬러리스트 산업을 부흥시킬 트리거가 될 수 있다는 생각이 나의 뇌를 자극했다.

　나는 사막에서 바늘이라도 찾아야 한다는 심정으로 아내에게 퍼스널컬러를 연구해보자고 했다. 하지만 아내는 성격이 완벽주의에 가깝다. 공공기관에 다닐 때도 자기가 맡은 일은 밤 10시, 11시까지 퇴근을 하지 않고 마무리를 하고야 마는 성격이다.

　퍼스널컬러는 이론적인 근거도 약하고 눈으로만 판단해서 어울리는 색을 찾아준다는 것이 너무 주관적이라고 완강히 반대했다.

　하지만 아무리 생각해도 시장과 고객은 퍼스널 컬러를 원하는 것 같았다. 심리 상담을 정신에 문제 있는 사람이 받는 것으로 생각하는 우리 사회에서 MBTI가 폭발적인 인기를 끄는 이유는 그만큼 자신의 정서적인 안정이 필요하기 때문 아닐까. 퍼스널컬러 또한 경제적 양극화로 인한 불안감을 줄여주고 외적인 자신감을 심어 줄 수 있다는 판단이 섰다. 한발 앞서 트랜드를 읽어야 한다. 촛불로 어둠을 밝히듯 조금씩 조금씩 드러나게 해야 한다. 지난 날의 실수를 반복할 수는 없었다. 운명처럼 다가온 기회를 또 다시 잘못된 판단으로 그르칠 수 없었다. 나는 이런 이유를 들어 아내를 설득하였다.

　어렵게 아내를 설득하였지만 또 다른 장벽이 남았다. 인터넷방송국 당시 메인 컨텐츠인 토론을 어떤 식으로 진행할 것인가와 같은 선상에 놓인 문제였다.

　도시락으로 백만장자가 된 『생각의 비밀』의 저자 김승호 대표가 말했듯 우리만의 방식으로 퍼스널컬러를 '재정의' 해야 했다. 그는 도시락 사업을 "쇼비즈니스"라 정의하고 신선한 재료로 현장에서 도시락을 만드는 장면을 연출하였다. 그리고 "문제가 있으면 답도 있다. 답이 없으면 문제를 바꿔라"라고 했다.

딜러들에게 준 판촉물이었던 중고차 시세표에 주차장 지도를 붙였던 그런 신선한 아이디어가 필요했다.

'색채과학' 으로 퍼스널컬러를 '재해석' 하다

먼저 퍼스널컬러가 변하지 않는다고 하는 문제다

퍼스널컬러에서는 가장 잘 어울리는 컬러를 베스트 컬러(Best Color), 가장 어울리지 않는 컬러를 워스트 컬러(Worst Color)라고 한다. 그리고 퍼스널컬러는 한 번 정해지면 고정불변하는 것이라고 한다. 왜 이렇게 되었을까? 나는 현대인의 결정장애에 있다고 본다.

우리나라는 입시교육의 영향으로 자신의 생각을 말하기보다는 주어진 것에서 선택하는 것을 선호한다. 답은 꼭 주어진 것 안에 있다고 생각하는 경향이 있다. 그래서 전문가가 "이건 어울리고 저건 안 어울려요"라고 딱 부러지게 결정해 주면 그것이 정답이라고 생각한다.

하지만 자신에게 어울리는 컬러는 자신이 더 잘 알 수도 있다. 매일 거울을 통해 본인을 관찰하고 있지 않은가. 다만 상대가 봤을 때 어울리는 컬러를 찾는 것은 역시 전문가의 몫이다.

"세상에 변하지 않는 진리는 모든 것은 변한다는 것이다."라는 헤라클레이토스의 말처럼 이는 컬러에도 적용된다.

피부미용학에서도 여성들의 피부는 가임기에 들어서는 10대에 가장 어둡고, 20대에 가장 밝은색을 띄다 점차 나이가 들어감에 따라 점점 어두워진다. 따라서 퍼스널컬러는 연령의 변화와 개별적인 건강 상태나 상황에 따라 변할 수 있는 변인을 가지고 있다.

이 문제는 업계의 이슈가 되었다. 우리는 이단아가 되길 두려워하지 않았다. 측정되고 관리될 수 없다면 확장성을 가질 수 없고, 업계의 미래는 보장되지 않는다.

둘째는 판단 기준의 문제다

퍼스널컬러는 얼굴 피부색, 눈동자 색, 손등 색, 이목구비의 입체성 등을 다 고려하는데 어떤 것이 기준이 되어야 하는지에 대한 명확한 근거가 없다.

'피부색이 노란기가 돈다. 눈동자가 갈색을 띤다. 손등의 핏줄이 초록에 가깝다' 는 것을 판단하는 기준이 시감 즉, 눈으로 보고 결정한다는데 뭘 기준으로 노랗고, 갈색이고, 초록이라는 것일까? 오래전 유행했던 사극 중에 〈대장금〉이라는 드라마가 있었다. 어느날 상궁이 장금이에게 고기 음식을 먹어보라고 하고 무슨 맛이 나는지 물었다. 장금이는 홍시맛이 난다고 했는데, 상궁이 왜 홍시 맛이 나냐고 묻자. 장금이는 그냥 홍시 맛이 나서 그랬다고 답한다. 그렇다. 그렇게 느꼈을 뿐이다. 이유가 없다. 감각적이다. 진화적으로 유전된 무의식이 그렇게 판단한 것이다.

퍼스널컬러는 고객에게 적지 않은 서비스 비용을 받는다. 그런데 왜 이 컬러가 나와 어울리나요? 라고 물으면 그냥 어울린다고 할 것인가?

장금이가 살던 시대는 당도나 산도 등을 측정할 수 없었다. 알다시피 지금은 AI로 모든 것을 추천해주는 시대다. AI는 데이터를 전제로 한다. 피터 드러커의 말처럼 "측정할 수 없는 것은 관리할 수 없다."는 말은 우리 분야에도 적용된다.

그래서 제시한 대안이 측색기(Color Digital Device)를 도입하는 것이었다. 피부를 기준으로 패턴을 발견하고자 한 것이다. 하지만 국내에는 측색기 제조업체가 없었다. 수천만 원씩 하는 해외의 분광

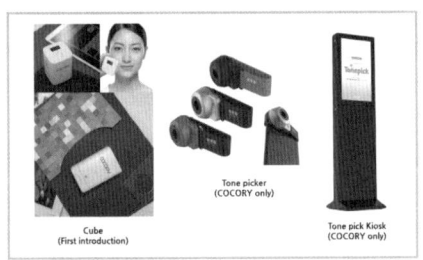

측색기는 판매 대행업체라도 있었지만 우리처럼 소규모 업체가 피부를 측정하는 데 사용할 측색기 판매 업체는 없었다. 할 수 없이 인터넷의 힘을 빌렸다. 독일 제품은 채도가 높은 색을 잘 분석하는 경향이 있었고 비교적 고가였다. 눈에 띈 것이 호주 제품이었다. 예

쁜 디자인에 저렴했지만 성능이 좋고 다양한 기능이 있어 사용하기에 좋았다.

퍼스널컬러 업계는 우리를 비전문가로 취급했다. 시감을 충분히 훈련시킬 프로그램이 없다거나 가르칠 능력이 부족하니까 기계를 사용한다는 것이었다. 거기에 기계적 오차나 결함 등을 들어 측색기를 사용해서는 안 된다는 주장도 있었다.

그런데 생각해보면 우리의 시감이라는 것도 오류를 범할 수 있다. 주변 환경에 따라 우리 뇌는 저장된 정보와 맞지 않는 정보를 접하면 착시를 일으키는 것이다.

대표적인 예가 많은 논란이 있었던 파검, 흰금 드레스 논란이다. 사람에 따라서 파란 바탕에 검정줄과 흰색 바탕에 금색으로 보이는 드레스가 있었다. 이는 아직도 논쟁거리지만 캡쳑 박사의 예측 모델에 따르면 "뇌는 정보를 저장하는 것이 아니라 예측한다"고 한다. 따라서 저장된 정보에 따라 자연광의 환경에 많이 노출됐으면 흰금으로, 인공광에 많이 노출됐으면 파검으로 볼 확률이 높다는 것이다.

우리의 시도에 대한 시장의 반응은 나쁘지 않았다. 중견 화장품 회사 E사에서 퍼스널컬러 앱 개발 프로젝트를 제안했다. 당시만 해도 측색기를 도입한 지 1년 정도 되었고, 피부 데이터도 많지 않았다. 전국에 500여 개 매장이 있는 업체라 욕심이 났다. 특허 출원도 하고 우리나라 KS색체계를 활용한 시스템이라고 열심히 설명하고 설득하였지만 결국 프로젝트는 20년 경력의 C회사에 넘어갔다. 그렇지만 측색기를 사용하여 퍼스널컬러를 한다는 것이 틀리지 않았다는 것은 어느 정도 증명된 셈이다.

시간이 지남에 따라 그렇게 우리를 비난하던 업체들도 나중에는 우리보다 더 비싼 기계로 측정을 한다고 홍보하는 일까지 발생했다.

이후 코코리 퍼스널컬러 자격 과정이 조금씩 입소문이 나면서 측색기를 퍼스널컬러용이 아닌 일반적인 측색용으로도 판매하고 싶었다. 다행히 수입을 전문적으로 취급하는 친구가 있어 도움을 받을 수 있었다. 소문은 빠르게 번졌고 우리 제품을 수입해서 판매하는 몇몇 업체도 생겼다.

퍼스널컬러 업계에서도 피부색을 기준으로 퍼스널컬러를 찾아야 한다는 데 동의라도 한다는 듯 측색기의 판매량이 눈에 띄게 증가하였다.

측색 데이터를 활용하여 AI앱 개발

그렇게 2년에 걸쳐 퍼스널컬러 시스템을 체계화하였다.

코코리 퍼스널컬러의 가장 큰 특징은 측색기의 사용이다. 다음으로 KS색체계의 사용이고 마지막이 색채심리가 반영됐다는 점이다. 측색기 적용의 이유는 앞서 설명했다. KS색체계를 사용하는

이유는 각 나라 별로 색채에 반응하
는 감정의 결과가 다르기 때문이다.
따라서 우리나라 사람들에게 맞는
색체계를 구성한 KS색체계를 사용
하는 것이다. 이 문제 또한 측색기의
사용만큼이나 말이 많았다. 퍼스널컬러는 색채학을 응용해서 사용
한 프로그램이다. 따라서 색체계를 활용하는 것이 일반적인데 주
로 미국의 먼셀색체계나 먼셀색체계를 변용한 일본의 PCCS색체
계를 많이 사용했는데 퍼스널컬러에 한 번도 사용한 적이 없는 우
리나라 KS색체계를 사용한다고 하니 반감이 컸던 것 같다. 여기에
퍼스널컬러를 찾는데 사용하는 색상천도 만들어 선보이니 모두들
놀란 반응이었다.

외국 시스템이 아닌 자체적인 시스템을 운용하면 잇점이 많다.

먼저, 외국에 라이센스 비용을 주지 않아도 된다. 또한 메이크업
키트, 헤어키트, 네일키트 등 프로세스에 필요한 도구들을 언제든
만들어 적용할 수도 있다.

둘째로 고객들의 반응에 즉각적으로 대응할 수 있다. 우리 시스템
은 퍼스널컬러에 '코칭' 이라는 용어를 사용하는데 이는 질문기법을
활용하여 고객의 감정을 드러나게 하는 것이다. 처음에 이 방법을
시도했다. 클레임이 들어왔다. 훈련된 코치들이 알아서 결정해 주면

되지 왜 자꾸 질문을 하냐는 것이다. 전문적이지 않다는 평가가 있어 프로세스에서 당분간 제외하기로 했다.

셋째, 시스템을 유연하게 운용할 수 있다. 대표적인 것이 색채심리의 적용이다.

미술심리가 유행한 것처럼 색 자체의 심리적 특성에 대한 대중적 관심이 생길 것을 대비해 준비된 것이다. CAMES 색채심리 프로그램을 언젠가 활용할 수 있도록 말이다.

우리는 이렇게 개발한 퍼스널컬러시스템을 특허로 등록하였다. 아무리 아이디어가 좋아도 내 권리를 주장할 수 있는 법적인 장치를 해두지 않으면 언제든 침해를 당할 수 있다. 그래서 사업을 할 때 어떤 아이디어가 떠올랐다면 경쟁 우위를 확보하기 위한 첫걸음이 특허, 상표 등 지식재산권을 확보해 놓는 것이다.

이외에도 우리는 피부색에 따라 화장품을 추천하는 방법, 스타일링을 위한 색상 배색에 관한 특허 등 15건의 지식재산권을 등록하였다. 여기에는 해외 진출을 염두에 둔 미국 특허 출원도 포함되었다.

본다는 일은 다른 여러 가지 감각과 마찬가지로 경이로운 현상이다. 망막이 뇌의 일부가 변해 생겼다는 주장이 있을 정도로 시감과 뇌의 발달은 긴밀한 관계가 있다. 그리고 그 영향력은 생각보다 크다.

우리의 언어에서도 '먹어보자, 입어보자, 들어보자, 안아보자, 맡아보자' 라고 표현하는데 오감에 공통적으로 '보자' 라는 표현이 들어간다. 그냥 먹으면 될 것을 굳이 '먹어보자' 라고 했을까. 그만큼 보는 것에 포함된 정보량이 많기 때문일 것이다. 하지만 사람이 왜 그렇게 보는지에 대한 정설은 없다.

퍼스널컬러 또한 수정하고 개선해야 할 것이 많다. 패션에서 시작된 비즈니스 모델은 점차 메이크업, 헤어, 네일 더 나아가 인테리어 분야로 확장이 가능하기 때문이다.

모든 학문이 그렇겠지만 심리학, 통계학, 천문학, 광학, 피부미용학, 생리학, 뇌신경학에 이르기까지 색채학처럼 다양하고 넓은 학문적 접목이 필요한 분야도 드물 것이다.

우리는 현재 측색 데이터를 활용하여 AI앱을 개발했다. 그리고 일반인도 전문가들처럼 측색기를 사용할 수 있는 보급형 측색기도 개발하였다. 사람들이 일상 생활에서 색채 활용의 즐거움을 알게 하는 것이 코코리의 바램이다.

미용 대학의 BTS '코코리퍼스널컬러'

이런 노력이 통했는지 성공 가능성을 볼 수는 현상들이 일어나고 있다. 색채산업은 대중매체에 노출될 기회가 많지 않아 마케팅하기가 쉽지 않았다. 고민하다 선택한 것이 전국 미용대학 교수들에게 메일을 보내는 것이었다. 대중적인 신뢰를 쌓기 위한 고육지책이었다. 예상했겠지만 반응은 싸늘했다. 방학 중에 메일을 보내고 교수들에게 일일이 전화를 했지만 대부분 짧게 '다른 곳과 하고 있어요' 내지는 '별 관심이 없네요' 라는 것이었다.

우리는 시스템을 꾸준하게 업그레이드 했다. 퍼스널컬러에서 사용하는 교육 도구와 배색시템을 추가하고 정부지원 과제를 통해 앱 개발에 착수했으며 일반인도 스마트폰으로 측색할 수 있는 광학기를 개발했다. 이런 소식들과 더불어 교수님이 가장 필요로하는 교재를 만들었다. 한 학기 동안 수업을 할 수 있도록 이론적인 내용은 물론 실습까지 할 수 있도록 워크북을 포함하여 총15장으로 정리한 것이다. 이러한 내용을 메일로 발송하기를 2년을 되풀이한 결과 한 분 두 분 연락을 주셨다. 가장 먼저 프로그램에 관심을 보여 준 곳이 정화예대다. 미용으로 특화된 정화예대는 학부 학생만 900여명이다.

지금은 수원여대에도 자격 과정이 개설되었고 중부대, 신안산대, 계명문화대 등도 협의 중이다. 그렇게 전국 미용대학 100개 중에서 코코리 시스템과 교구를 쓰는 대학이 50개 이상이다. 자체 자격과정 수강생 또한 200여 명이 넘는다.

더욱이 현대백화점, 롯데백화점, 신세계백화점 등에서 퍼스널컬러 정기 클래스 과정을 운영하고 있다. HSBC, 현대중공업 등 국내외 탑클래스 기업들에서 특강도 지속적으로 진행 중이다.

더 고무적인 현상은 외국에서의 반응이다. 2022년 10월 외국인 체험단이 올린 틱톡 영상이 총 조회수 3천만 뷰를 기록하면서 외국인 개인 고객이 월 250여 명 이상 방문하고 있으며, 자격 과정 수강 문의도 지속적으로 늘고 있다.

그런데 우리는 사업에 대한 미래를 장밋빛으로 보고 있어도 수강생들은 불안한 모양이다.

어느날 자격 과정 수강생이, "퍼스널컬러가 잠깐 유행하고 말 것 같다"는 것이다. 그래서 현재 하고 있는 일을 병행하며 서비스를 할 예정이란다. 그래서 5년 전에 있었던 얘기를 들려주었다.

어느 SW개발업체 직원이 퍼스널컬러를 수강하러 온 적이 있었다. 조금 의아했지만 전업을 고려하는 모양이라고 대수롭지 않게 여겼다. 그런데 자격 과정이 끝날 무렵이 되자 자기는 퍼스널컬러 App개발 의뢰를 받은 업체의 직원이라는 것이다.

퍼스널컬러에 대해 자세히 알아 오라는 대표의 명령으로 이 과정을 수강하게 되었다고 했다. 그런데 왜 그런 얘기를 우리한테 하는지 물었더니 회사는 SW개발에 실패했고, 우리에게 도움이 될만한 정보를 제공하고 싶다는 것이다. 당시는 우리도 앱 개발을 준비하고 있던 상황이었다.

이렇듯 말만 하면 알 수 있는 대기업도 물밑에서 연구하고 있는 분야가 퍼스널컬러다.

다만 퍼스널컬러의 명확한 기준과 대중적인 접근에 필요한 그들만의 방식을 찾지 못한 것이다. 뿐만 아니라 유명한 외국 화장품 브랜드도 K대학의 S교수에게 앱 개발을 의뢰했다고 한다. 이렇게 대기업과 해외 유수의 기업들이 퍼스널컬러에 관심을 갖는 이유가 있을 것이다. 순간 유행에 그칠 분야에 연구 개발비를 투자하지는 않을 것이다. 물론 투자라고 생각할 수도 있겠으나 퍼스널컬러는 뷰티 패션과 밀접한 관계가 있는 것만은 부인할 수 없는 사실이다.

업계마다 온도차는 있겠으나 누가 선도 ICT기술로 시장을 선점하느냐에 따라 업계의 판도가 달라질 것이다. 따라서 누구도 따라올 수 없는 기술로 퍼스널컬러 표준화를 이루는 것이 우리의 목표다.

현재 A사, C사, J사 등이 앱을 출시하였다. 앱 다운로드도 50만~300만 사이다. 그리고 모두 AI분석을 통해 색조제품을 추천해 준다고 한다. 부럽게도 벤처 캐피탈에서 대규모 투자를 받은 곳도 있다. 다행히 투자를 유치한다는 것은 산업 전망이 어느정도 밝다는 것이다.

그리고 퍼스널컬러가 투자업계에서 주목받는다는 건 우리로서도 환영할 일이다. 우리에게도 기회가 있다는 뜻 아닌가.

다만 안타까운 것은 앱 개발 업체 대부분 퍼스널 컬러 자체 분석 시스템이 없다는 것이다. 이는 언 발에 오줌을 누는 격이다. AI 알고리즘도 어떤 변수가 들어가느냐에 따라, 알고리즘 최적화 정도에 따라 정확도가 달라질 수 있기 때문이다.

IT업계에 유명한 말이 있다. 'garbage in, garbage out' 무가치한 데이터는 무가치한 결과를 낳는다는 것이다.

퍼스널컬러는 퍼스널컬러 분석시스템과 함께 사용하면서 검증되어야 한다. 여기에 퍼스널컬러의 기준이 없다면 문제는 더욱 커진다. 요즘 성격을 알아보는 MBTI가 유행인데 사람의 성격을 16가지로 분류한 것이다. 어디 성격이 16개만 있겠는가? 문제는 각각의 성격을 어떤 논리적 근거에 의해 규정했는가다. 퍼스널컬러 또한 어떻게 가설을 정했고 그 가설을 어떤 근거에 의해 규명하여 피부 유형을 분류했는가가 중요하지 않을까?

우리는 정량화 할 수 있는 피부값을 기준으로 7만 명의 임상을 거친 CAMES 성격심리 프로그램과 퍼스널컬러의 아버지라 불리는 요하네스 이텐의 주관적 색조 이론, 그리고 뷰티제품 분류에 가장 많이 활용된다는 고바야시 이미지 스케일을 응용하여 현재 이미지와 요구 이미지를 추출하고 최종적인 판단은 육안 검색을 통해 결정된다. 피부값을 제외한 변수들이 모두 검증된 이론들이다.

즉 주관적인 시감을 보완할 수 있는 변수들은 최대한 검증된 체계를 활용하였고, 이를 검증할 수 있는 틀은 데이터로 확인할 수 있는 측색기를 사용한 것이다. 지금까지 우리가 아는 이러한 퍼스널컬러

시스템은 국내는 물론이고 세계적으로 없었다.

온·오프 어디서든 퍼스널컬러를 표준화시키는 자가 최후의 승자가 될 것이다.

목적 달성을 위한 다양한 목표의 설정

2018년부터 비즈니스 모임을 시작하였다. 이종 전문업종들이 모여 서로의 서비스를 소개해 주는 마케팅 기법으로 운영되는 모임인데, 여기서 만난 대표를 통해 정부에서 중소기업을 대상으로 연구자금을 지원해주는 사업이 있음을 알게 되었다. 진작 알았더라면 3년 전 앱 개발을 시작했을 것인데 아쉬웠다.

별다른 정보 없이 맨땅에 헤딩하는 심정으로 사업계획서를 작성했다. 세 번의 실패 끝에 드디어 네 번째에 통과되어 1억 2천만원원을 지원받았다. 국가의 존재 이유를 실감한 순간이었다.

로또 당첨보다 기분이 좋았다. 당시 우리 회사 연매출에 버금가는 어마어마한 금액이었다. 어려운 상황을 헤쳐나가는 데 커다란 도움이 되었다.

나중에 안 사실이지만 지금은 '정책자본금융시대'라고 한다. 정부의 정책 방향이 어디로 가고 있는지 면밀하게 살펴보고 거기에 발맞추어 사업을 해야 한다는 것이다.

이후에도 우리는 3~4건의 정부지원사업을 추가로 진행하면서 특허를 기반으로 하는 연구소기업과 벤처기업 인증을 받았다.

사업을 시작한 초기에는 내가 노력해서 돈을 벌면 그만이라 생각했다.

뚜렷한 사명감이나 목표도 없었다. 그저 돈을 벌어서 효도하고 처자식 잘 건사하면 그만이라는 생각이었다. 물질적인 욕구가 채워지면 정서적인 욕구는 자연스레 채워질 것이라 믿었던 것이다.

그런데 두 번의 실패 뒤, 나의 능력으로 이뤄낸 것은 정말 빙산의 일각임을 알았다. 운 칠, 기 삼이라고 했던가. 나의 노력이 현실화될 수 있는 객관적인 환경이 조성되지 않으면 성공의 길은 멀어짐을 이제야 느낀 것이다. 그래서 노력한 만큼 아니, 필요한 만큼만 가져가고 나머지는 나를 성공시켜준 사회에 환원하리라 다짐해 본다.

대표적인 현상이 부동산 투자(투기?)일 것이다. 자신의 돈으로 산 땅이기는 하지만 국민 세금이 투자되어 기반 시설이 갖춰지지 않았다면 부동산 가격이 오를 수가 없다. 사회 구성원 모두의 혜택으로 이어져야 맞다. 이런 관점에서 바라보면 기업은 공공성이 강한 사회 구성체다.

5년간 비즈니스 모임에 매주 참석하면서 나는 사업의 목표와 방향성을 설정할 수 있었다. 그리고 월 1회 소모임인 북클럽에 참여하면서 사업에 필요한 지식도 얻고 있다.

내가 생각하는 이 모임의 가장 큰 장점은 모두 이종 업종이라는 점이다. 멤버들로부터 자극을 받을 때도 있고, 사업적인 아이템을 얻는 경우도 있다. 이는 다양한 관점의 사람들과의 소통에 의해서만 가능한 일이다.

이런 활동에서 무엇보다 소중한 변화는 인적자원 중심의 교육 서비스 마인드에서 시스템 중심의 정보통신 서비스 마인드로 바뀐 일이다. 나는 벤처 정신으로 AI에 의해 특이점을 다가오는 시기에 그 중심으로 이동하고 있다.

누구는 속도를 얘기하고 누구는 방향을 얘기한다.

그 결정은 맥락에 따라 달라져야 한다.

컬러 주도
K-Beauty를 꿈꾸다

색채 산업은 퍼스널컬러, 색채심리, 패키지 디자인, 환경 색채, 인테리어 색채 계획 등 정말 다양한 업종으로 분화된다. 나의 궁극적인 목적은 색채가 주는 다양한 신체적, 정서적 영향을 연구하여 컬러 테라피 타운을 만들어 사회에 이바지 하는 것이다. 그러기 위해서 심리 내적인 안정과 외적인 이미지 개선을 위한 퍼스널컬러의 표준화를 첫 번째 목표로 설정한 것이다.

사람들이 가장 많이 하는 것들을 웹에서 하게 하라

색채 사업을 시작한 이후 거의 8년 만에 거짓말처럼 전년 대비 매출이 200% 성장하였다. 지난 8년 간 퍼스널컬러 코칭 고객이 월평균 30~50명 수준이었고 자격과정 고객은 월 1~2명, 색상천이나 측색기도 월 1~2건 판매가 고작이었다.

  2022년은 그동안 연구 개발에 몰입해온 성과들이 드러난 해이기도 하다. 꾸준하게 운영한 블로그 그리고 15건의 특허를 기반으로한 앱 개발, 색채 교구들이 개인 고객과 기업들 그리고 대학에 조금씩 알려지고 있다는 방증일 것이다. 무엇보다도 유튜브 및 틱톡 등 SNS의 대중적 이용이 퍼스널컬러가 안정적으로 자리매김할 수 있는 환경을 조성해 준 것 같다.

  처음 색채 사업을 시작할 때만 해도 막막했다. 업계에 인맥이 있는 것도 아니었고 그렇다고 대단히 사업성 있는 프로그램이나 기술을 해외에서 들여온 것도 아니었다.

  그냥 재밌고 하나하나 뭔가 만들어 가는 게 보람 있었다. 아직 뭔가를 거창하게 이룬 건 아니지만 지난 8년을 잠시 돌아봐야 할 때인 것 같다. 그리고 지금은 속도보다 방향을 점검해야 할 상황이다.

  먼저 퍼스널컬러의 지속적인 강화 문제다

  색채심리는 인간의 마음을 다루는 고도의 전문성을 필요로 한다. 하지만 추가로 자본을 투자할 만큼 시장이 성숙하지 않았다는 판단이다. 현재 코코리 퍼스널컬러에는 색채심리를 진행할 수 있도록 프로세스가 마련되어 있다. 이를 활용하는 방안의 모색이 더 현실적이다.

  컬러리스트 또한 최근 3~4년 사이 대기업과 중견기업에서 전문가를 채용하고 있는 추세이긴하다. 하지만 아직 산업현장에서 제 몫을 해내기엔 다소 무리가 있다. 이 또한 조색이나 배색을 강화한 퍼스널컬러를 개선하는 것이 효과적일 것이다.

퍼스널컬러는 뷰티, 패션 분야에서 각광 받는 분야로 IOT, AI, 빅데이터, 메타버스, AR 등 ICT와 접목하여 K-뷰티 또는 K-컬러를 브랜드화 할 수 있는 비전이 있다. 특히, K-코스메틱과 융합으로 해외 진출은 시의적절하리라 생각한다.

둘째로 디지털 트렌스포메이션(DT)이다

처음엔 정부지원사업이 매력적이어서 한 번 두 번 시도한 것이 디지털 전환에 관심을 기울이게 된 계기였다. 통계학 역시 전문분야이고 AI영역은 말해서 무엇하랴, 퍼스널컬러에 App이라니 무척 생소할 것이다.

처음 시도할 때 논문이나 정부지원사업 현황 자료, 앱스토어 등을 검색했으나 이렇다 할 자료가 없었다. 자료가 없다는 건 둘 중 하나가 아니겠는가. 사업성이 없거나 아무도 가본 적이 없거나, 우리는 후자이기를 바라면 사업에 임했다. 그리고 어떻게 하면 데이터를 가장 빨리 모을 수 있을 것인가에 집중했다. 그 방안으로 2019년 말에 프랜차이즈 가맹 사업을 추진했다.

현재 해외의 경우 중국 청도에 개설된 제휴점 하나 있다. 코로나 이후 활동이 중단됐지만 최근 활동을 개시하여 자격과정 수강자 교육이 재개되었고, 중국 내 색조제조사와 협업도 진행할 예정이다. 그리고 베이징과 상하이로 진출을 모색하고 있다.

국내의 경우 코칭 서비스만 할 수 있는 일반 제휴점이 분당과 광교에 개설되었고 대구의 경우는 제휴점 모집과 자격과정을 교육할 수 있는 인증센터가 개설되었다. 2022년에는 본사 직영으로 운영되는 직영점 두 곳을 강서구와 광진구에 오픈했다.

우리는 대한민국에서 여성 피부 데이터를 가장 많이 가지고 있는 업체 그리고 그 데이터를 퍼스널컬러에 가장 많이 활용한 업체로 자리매김 하고자 한다.

여기에 필요한 것이 측색기였다. 퍼스널컬러의 아킬레스건인 주관성을 극복하고 데이터화 하기 위해 측색기를 도입했다. 지금 생각해도 신의 한 수라 생각한다. 이것은 이론을 완성하는 데에도 중요하지만 대학에서 가르치는 정규과목이 과학적이지 않고 모호하다는 비판에서 자유로울 수 있게 해준다. 또한 전문가들이 아닌 일반 이용자도 쉽게 사용할 수 있는 보급형 측색기의 본격 생산을 목전에 두고 있다.

MZ세대의 특성 중 하나가 공정과 상식이라고 한다. 그들은 어디서 제일 먼저 측색기를 도입했는지, 어디가 제일 먼저 DB기반 퍼스널컬러를 시작했는지 귀신같이 추적하여 우리의 노력을 인정하리라 믿는다. 그들의 노고에 답하기 위해 우리는 어디서든 퍼스널컬러를 확인할 수 있고 구입하고자 하는 색조 제품이 어떤 퍼스널컬러 타입인지를 바로 확인할 수 있도록 앱을 고도화 할 것이다.

셋째 신뢰도다

초창기 매출이 저조한 데에는 나름의 이유가 있었던 것 같다. 퍼스널컬러가 아직 대중적이지 않다는 것, 그리고 매출을 획기적으로 늘릴 아이템이 없다는 것이다. 퍼스널컬러 서비스는 인력자원의 투입과 매출이 비례한다. 고객이 없는데 매출을 늘릴 수도 없는 것 아닌가.

대중적인 인지도와 공적인 신뢰도를 높이기 위해 우리가 선택한 방법은 전국 100여 개에 이르는 미용대학에 코코리 퍼스널컬러 시스템을 알리는 것이었다. 대학에서 우리 프로그램을 사용하거나 교육도구를 구매한다면 프로그램의 신뢰도가 높아질 것이고 또한 학생들에게 홍보도 되어 일석이조가 아닐 수 없다.

현재 코코리 퍼스널컬러 자격과정을 운영하는 미용대학의 학생들은 이수 교육을 통해 자격증과 수료증을 받을 수 있다.

미용대학에서 코코리 시스템을 애용하는 이유는 교재를 출판할 정도의 이론적인 완성도가 높기 때문일 것이다. 그동안 교수님들이 정규과정 편재를 꺼린 이유는 기존 퍼스널컬러 교육 내용이 현대화되지 못한 점, 그리고 체계적이지 않은 이론 때문이었다. 그렇기 때문에 미용 대학의 50% 정도는 퍼스널컬러 과정을 운영하지 못했고 운영하더라도, 대부분 겸임교수나 외부특강 형태로 진행했다고 한다.

오프라인으로 퍼스널컬러를 받는 고객들은 대부분 행복해 한다. 젊은 여성들이 친구들과 함께 즐길 수 있는 몇 안되는 문화 컨텐츠이기 때문이다. 의류 매장에서 몇 벌의 옷은 피팅룸에서 입어 볼 수 있다. 그런데 퍼스널컬러는 적게는 몇십 장에서 많게는 백 장이 넘는 컬러를 자기 얼굴과 비교해 본다. 어디에서도 해본 경험이 없을 것이다. 거기에 색깔이 바뀔 때마다 자신의 얼굴이 어떻게 변하는지 확인하면서 색채에 대한 새로운 감정을 일으킨다. 미술심리처럼 감정을 느끼면서 자신을 탐색할 수 있다.

또한 추천 받은 컬러를 통해 뷰티 제품을 구매함으로써 시간을 절약할 수도 있고, 한 껏 높아진 자존감을 장착하고 스타일링을 하고 면접을 보러 갈 수도 있다.

그렇기 때문에 퍼스널 컬러는 문화적, 경제적, 미적, 심리적 만족을 줄 수 있는 최적의 컨텐츠이다.

퍼스널컬러는 비교적 최근에 IT가 접목된 프로그램이다. 코로나 이후 비대면 접촉의 수단이 비약적으로 개선됨에 따라 기술의 발전이 빨라진 이유도 있다.

코코리 퍼스널컬러는 컬러의 대중적 활용, 즉 색채의 생활화를 모토로 하고 있다. 피부와 가장 잘 어울리는 컬러를 어떤 컬러와 배치해서 입었을 때 최적의 조화를 이루게 할 것인가?

그 컬러는 심리적으로 나에게 어떤 위안을 주는가? 그리고 이 컬러를 입은 나를 상대방은 어떻게 느낄까?

우리는 톤픽앱에서 이런 내용을 담았다. 빅데이터로 정확성을 높이고, 컬러분석시스템으로 검증할 것이며, AR 구현으로 현장감을 높일 것이다. 또한 측색 기술의 고도화로 피부색 하나로 기초와 색조화장품을 동시에 추천하려 한다.

현장을 통해 기초를 튼튼히 하고 ICT를 통해 더 많은 사람들에게 혜택이 돌아가도록 할 것이다.

다름, 창조의 시작

할부금융을 할 때에도 나는 다름을 추구했다. 남들이 명함을 돌릴 때 시세표에 스티커를 붙여 돌리고, 시세표를 돌릴 때 주차장 지도를 그려 배포했다.

색채 사업 또한 지금까지 퍼스널컬러의 문제점은 무엇이고 그것을 해결하기 위한 방법을 모색해 왔다. 퍼스널컬러는 60년대 초반 미국에서 시작하여 90년대 초 우리나라에 도입되었다. 그런데 당시 만들어진 시스템에는 거의 변화가 없었다.

인간은 이질적인 것에 본능적으로 반응한다.

사업을 한다면 지금까지 시장에 없던 것으로 승부해야 한다.

물론 많이 알려진 것으로 접근성을 높이는 활동을 배제해서는 안 된다.

끊임없는 물음, 차원의 변화

나는 할부금융 사업을 할 당시 엔카처럼 차를 판매할 수 있는 웹을 만들고자 했다. 또한 매물정보 단말기를 만들어 딜러들이 사용하지 않을 수 없는 차량 정보를 장악하고자 한 것이다. 그리고 매매단지를 만들거나 독점을 함으로써 딜러들과 동등한 관계에 서고자 하였다. 물론, 이런 시도들은 모두 실패하였다.

그리고 그 당시 신용조회 통합 전산을 구축하려는 시도도 하였다. 실행 됐더라면 지금쯤 핀테크 시장을 선도하고 있었을 것이다. 끊임없이 질문하고 한 차원 다른 상품과 서비스를 준비해야 한다.

퍼스널컬러에서 말하는 아름다움에 대한 기준은 무엇일까? 패션, 메이크업, 헤어를 동일한 도구로 판단하는 것이 옳은 것일까? 서양의 색체계를 한국인에게 적용하는 것이 맞는 것일까? 세계인을 대상으로 퍼스널컬러를 추천할 수 있는 시스템은 없을까? 이런 질문을 끊임없이 해야 하고 평생학습으로 답을 찾아야 한다.

지금까지 사업을 하면서 내가 가장 잘한 것이 있다면, 그것은 비즈니스 모임에 참여한 것이다.

내가 내 사업을 보는 시각과 제3자가 보는 시각은 다르다. 나의 사업을 객관적으로 볼 수 있는 참조적 관점으로 조언할 수 있는 그룹이 필요하다. 끓고 있는 냄비 안에 들어있는 개구리처럼 현실에 안주해서는 안 된다. 닫힌 체계는 한계가 있다.

시장 안의 변화와 시장 바깥의 변화에 대한 올바른 판단을 내리기 위해서는 외부 세계와 지속적으로 연대해야 한다.

퍼스널컬러의 미래

PC(Personal Computer)가 우리 삶을 바꿨듯이 PC(Personal Color)도 미래를 바꿀 것이다. 현재 코코리색채연구소를 통해 배출된 퍼스널컬러 전문가는 200여 명에 이른다. 이중 대부분은 창업을 하였다. 자격 과정 수업을 받는 수강생들이 많이 하는 질문이 있다.

"제가 창업을 하면 고객이 많이 찾아 올까요?"

제휴점을 할 생각이 있는 수강생은 더욱 심하다.

"퍼스널컬러가 잠시 유행하다 사그러들지 않을까요?"

충분히 할 수 있는 고민거리다.

 코코리가 퍼스널컬러를 개발해서 사업을 영위한 기간이 10년이다. 퍼스널컬러가 우리나라에 소개된 것은 1990년대 초반이다. 거의 30년이나 되었지만 실제로 유행이 시작된 지는 5년 남짓이다.

여기서 퍼스널컬러가 유행하는 이유를 분석해본다.

첫째는 경제 패러다임의 변화다

GDP가 3만 달러가 넘어가면 경제적인 문제를 크게 걱정하지 않는다고 한다. 개인의 정체성에 대한 생각을 많이 하고 있는 문화적인 요소에 관심을 갖는 계기가 된다고 미래학자 토머스 프레이는 말한다. 즉 직접적인 소비보다는 경험적인 소비에 소비자들이 집중한다는 것이다.

우리나라는 현재 서비스 경제와 경험 경제가 혼재된 형태를 보인다. 서비스 측면에서 더욱 두드러진 현상을 보이고 있는 것이 고급화, 다양화, 개인화다.

아직은 퍼스널컬러가 뷰티 패션의 트랜드를 주도한다고 볼 수는 없다. 그러나 우리나라도 MZ세대를 중심으로 서구의 개인주의 영향이 두드러지고 있다. 더욱이 10대인 알파세대는 "자기 중심성이 강한 탓에 제일 중요한 것은 나"라는 그래서 '모두가 셀럽'이라는 생각이 강하다고 한다. 이를 반영하듯 10대 갑부들도 탄생하고 있다.

특히 이들의 공통적인 특성은 비쥬얼적인 요소에 민감하다는 것이다. 이런 메인 고객들은 점점 체리슈머(한정된 자원을 극대화하기 위해 다양한 알뜰소비 전략을 펼치는 소비자)화 되는 추세다. 따라서 우리는 문화적, 경제적 나아가 미적 욕구를 만족시키는 멀티플레이어 역할을 해야 한다.

둘째는 양극화에 따른 심리적인 불안의 해소다

지금 세계는 극단적인 양극화로 몸살을 앓고 있다. 일찍이 마르크스는 자본주의 속성이 자본의 집적과 집중이라고 했다. 따라서 양극화는 필연인 것이다. 최근 이런 현상이 드러나는 노동문화가 기업노동일 것이다. 구글, 아마존 등 빅테크 기업에 종속된 노동형태가 나타나는 것이다. 이렇게 되면 인간은 쉼없이 일하게 되고 경제적 안정을 찾지 못해 극도의 불안에 시달리게 된다.

퍼스널컬러는 자신에게 어울리는 컬러를 찾아준다. 이 과정에서 개인은 나를 지지하는 그 '무엇'이 있음에 심리적 지지선을 유지하여 자신감과 자존감을 회복하게 된다. 그리고 같이 방문한 지인과 서로를 알아가는 과정을 통해서도 유대감을 형성하게 된다.

여기서 컬러가 역할을 한다. 일반적으로 화가들은 일반인보다 평균 20년을 오래 산다고 한다. 임상적인 근거는 아니지만 학계에서 다양한 컬러를 보게 되면 거기에 대응하는 호르몬 또는 신경전달물질이 생성되어 정서와 행동에 영향을 미친다.

아직 정치가 분배 문제에 대한 명확한 해결 방안을 제시하지 못하는 한 평정심을 유지하는 것은 중요한 문제다. 퍼스널컬러는 자신의 정체성에 대해 생각하게 하고 심신의 평온을 유지하는 데 기여한다.

셋째는 융합산업의 비전 또는 선도성이다

앞서 퍼스널컬러의 향후 방향성에서도 잠깐 말한 내용이다. 여기서 다시 재차 언급하는 이유는 퍼스널컬러의 융합산업으로서의 중요성 때문이다.

현재 퍼스널컬러 업체는 1,000여 개에 이른다. 적다고 생각할 수 있으나 최근 2~3년 새 250% 증가한 수치다. 앱 또한 급격하게 개발되고 있고 VC로부터 투자받는 업체들도 늘고 있다. 퍼스널컬러는 물같기도 하고 반도체 같기도 하다. 어떤 산업과 만나느냐에 따라 무한한 발전 가능성이 있기 때문이다. 현재는 뷰티/패션 분야와 결합되어 있다.

"당신에게 가장 잘 어울리는 자동차 색상은 무엇일까요?" 이처럼 자동차 분야와 결합하면 어떻게 될까? 실제로 모 자동차 업체가 시도한 적이 있다. 실내 인테리어와 결합하면….

우리는 스티커 사진을 추천해주는 결합 상품도 조만간 선을 보일 예정이다. 그리고 MBTI처럼 성격심리와 결합한 퍼스널컬러 프로그램을 준비 중이다.

Personal Computer의 발전이 개인 생활의 변화와 산업 성장을 이뤄냈듯이 Personal Color는 개인의 내·외적 안정을 통해 성장을 일굴 것이다.

우리나라는 지난 2년간의 코로나 시기를 거치면서 K-방역으로 국제적인 위상이 더욱 높아졌다. 기존의 드라마를 필두로 서서히 무르익어 가던 케이 시리즈가 BTS를 정점으로 극에 달하고 있다. 영화, 화장품은 물론이고 반도체와 자동차 조선 등 제조업에서도 상한가를 치고 있다. 우리는 세계 최초로 퍼스널컬러에 측색기를 도입하고 색채심리를 반영하고 있다. 또한 색조화장품과 기초화장품을 동시에 추천해주는 특허를 미국에 출원하였다.

코로나 전인 2019년에 중국 청도에 해외 제휴점도 개설했다.

최근에 좋은 소식도 전해진다. 틱톡 인플루언서가 올린 퍼스널컬러 체험 영상(https://www.tiktok.com/@xixi-plea-se?_t=8aIHT-dopvuc&_r=1)이 조회수 2500만 넘겼다. 그래서인지 매월 해외고객 150명 이상이 방문을 해주고 있다. 감사한 일이다.

10년 가까이 블로그를 운영한 조회수가 1백만이 안된다. 그런데 단 한 달도 안되는 사이에 기적이 일어난 것이다. SNS의 파워를 실감한다.

아직까지 파악한 바로 퍼스널컬러의 세계 표준은 없다. 김승호 회장의 말대로 '미국 표준이 세계 표준' 이 될 확률이 높다.

아주 어려운 길이 되겠지만 지금까지 해왔던 것처럼 한 장 한 장 벽돌을 쌓듯이 묵묵히 전진할 것이다.

나를 발견하고
나로 살아가는 것이 행복

 사람은 태어난 지역 환경의 영향을 받는다고 한다. 고향인 정읍은 지명에 우물이 들어갈 정도로 눈과 비가 많이 내린다. 김제 평야와 맞닿아 있어 기름진 농토가 많아 경제적으로 풍요로운 도시다.
 심리학에서는 최초의 기억을 중요시 한다. 그때 어떤 정서가 지배적이었지에 따라 성격적 특성이 정해진다는 것이다.
 나의 최초 기억은 몇 살인지는 모르지만 잠에서 깨어나 마루 끝으로 가서 엄마를 부르며 울었던 기억이다. 혼자 떨어져 있다는 생각에 외로움을 느꼈고 엄마를 불렀던 것은 엄마에 대한 걱정을 하고 있었던 것 같다.
 중 1때 아버님이 돌아가신 후 대학생 형과 나의 학자금을 벌어야 했던 어머니는 나를 혼자 두고 서울로 가서 일자리를 찾아야 했다.
 아버지가 돌아가시기 전까지 나의 유년시절은 해맑게 뛰어놀고 부모님 말씀 잘 듣는 소년이었다. 이후 나는 어머니를 걱정하고 빨리 커서 효도를 하고픈 기특하고 속 깊은 아이로 자라고 있었다.

고등학교에 들어간 나는 자유로운 영혼이었다. 혼자 학교 기숙사 생활을 했고 집에는 아무도 없었기 때문에 청소년기에 아무런 제재 없이 자유롭게 생각하고 행동할 수 있었다.

80년대는 모두가 잘 아는 민주화운동이 활발했던 시기다. 당시 우리 학교는 전교조 선생님들이 활동하셨고 나는 선생님들의 행동이 옳았다고 판단했다.

언젠가 고등학교 담임 선생님을 뵀을 때 이렇게 여쭤봤던 기억이 있다. "선생님 고등학교 때 왜 저에게 충고나 격려의 말씀을 한 번도 안 해 주셨나요?" 선생님의 답은 의외였다. "나도 그땐 30세 전이었고 아버님이 돌아가셔서 정신이 하나도 없었단다."

어쩌면 나는 아버지의 역할을 선생님이 대신해주시길 기대한 것 같다. 외롭다는 느낌의 근원이 아버지에 대한 부재가 아니었나 싶다. 대신 나는 스스로 판단하고 행동하는 데 익숙해졌다. 이것이 사업을 함에 있어 결단력이 필요한 시기를 판단하는 데 역할을 한 것도 같다. 고등학생 때부터 사회 변혁에 관심을 가졌기 때문에 나는 대학에 진학해서도 자연스럽게 학생운동에 관심을 가졌다.

내가 평소에 즐겨 하는 것은 나에 대한 또는 공동체에 대한 생각이다.

사회가 발전하듯이 나도 조금씩 나아지고 있는가?

그동안 기준은 경제적인 성장 문제였던 것 같다. 하지만 이제는 행복에 척도를 두고자 한다.

취미생활로 책을 즐겨본다. 엄밀히 말하면 즐기고자 노력한다. 다양한 분야의 학습을 통한 지식이 실제 사업에도 많은 도움이 되고 있다. 성공하는 사업가들의 80%가 독서가 취미라니 그 대열에서 이탈하지 말아야겠다.

지금까지는 남들이 하는 것을 따라 하면서 더 잘해서 특기로 만들려고 했다. 특별한 재능이 있다는 느낌도 뭔가 대단한 것을 하고 있다는 생각도 들지 않은 게 사실이다. 하지만 내가 잘 할 수 있는 것도 내면의 나와 자주 만나다 보면 알 수 있을 것 같다.

사업에서 차별화가 경쟁력이듯 있는 그대로 나를 받아들이고 살아가는 것, 그 흐름에서 나만의 결을 발견하고 그것을 사랑하는 일이 행복아닐까.

나는 누구인가?

나를 정의하는 것이 세상에서 제일 어려운 일일 것이다.

우연히 지인과 만난 자리에서 공동저자 제안을 받았지만 글을 써가는 과정에서 아차 싶었다. 글은 나를 고스란히 드러내는 일이기 때문이다.

자신 없었지만 지금까지 나를 '재정의' 하자면 '배우기를 두려워 하지 않는 자' 라 하고 싶다.

사회 초년병 시절 신문 배달에서 주차장 아르바이트, 건축 자격증, 사회복지사, 색채학, 코칭심리 그리고 지금은 빅데이터 기획까지 부족한 것이 있으면 채우면 된다는 자신감으로 살아온 것 같다. 여기에 조금 더 보태면 배운 것을 실행해 보려는 의지도 있다고 생각한다.

특히, 세 번째 사업인 색채연구소를 하면서 이 같은 특질을 체험했다.

정부지원 사업이 그렇고 이를 통해 알게 된 앱 개발이 그랬다. 중년의 나이에 사업계획서 작성을 배우고, IR발표를 하고 앱 기획을 위한 교육에 열흘간 140시간 동안 참여했다.

BNI라는 비즈니스 네트워크 공동체 활동에서도 5년간 멤버 활동을 하면서 디렉터에 도전한 것도 같은 맥락이다.

글을 쓰고나니 어쩌면 이렇게 재미없게 살았을까? 하는 생각에 애잔한 느낌이 든다.

혹시라도 나중에 글을 쓸 일이 있다면 가족과 즐거웠던 기억, 친구들과 멋진 추억, 그리고 직장 동료들과 멋진 성취를 기리며 행복한 기억을 써 내려가면 좋겠다.

Epilogue

　공동 출간을 하자는 제안에 굉장히 망설였다. 사업 실패 후 지금 하는 사업이 본 괘도에 오르지 못했다는 생각 때문이다.
　20년 이상 사업을 하면서 업종을 선택할 때 신중해야 하는 이유를 알 수 있었다. 할부금융업은 누구나 할 수 있다. 3개월 정도만 배우면 바로 독립할 수 있고, 많은 자본이 필요한 것도 아니다. 거기에 시스템은 본사에서 제공해 주니 별도의 노력이 필요하지 않은 것이다. 그러나 색채 분야는 다르다. 기초 지식이 탄탄해야 하고, 색채학 한 분야만 알아서는 다양한 분야에 적용하기 어렵다. 색채심리의 경우 색채학과 심리학 그리고 생리학이나 뇌신경학도 부분적으로 알고 있어야 한다. 여기에 ICT를 접목하려면 투자되는 자본도 10억 단위가 필요하다.
　영업은 즉각적인 매출이 보장된다. 연구는 지속적인 매출을 보장한다. 두 가지 분야는 상호보완적이어야 하지만, 장기적인 비전을 갖기에 영업회사는 부족하다. 왜냐하면 원천 기술 확보가 상대적으로 힘들기 때문이다. 그리고 이러한 모든 작업은 각 분야의 전문가들과 협업을 통해서만 가능하다. 인문학과 공학의 만남. 생각만 해도 가슴이 벅차오른다. 사랑에도 설레임이 필요하듯 사업을 하는 이유에도 이런 '설레임'이 있어야 하지 않을까. 아직 가야 할 길이 멀지만 같이 가는 사람들과 생각을 공유하고 감정을 나누면서 내가 확장되는 성장의 기쁨을 맘껏 누리고 싶다.

CEO의 책상

Part 4.
영업은 기술이 아니라 예술이다

정대홍

정대홍은 (주)LG화학(구. (주)럭키)에서 10여간 근무후 1995.2.월에 창업하여 약 30년 동안 중소기업을 운영하고 있는 CEO이다. 사업품목은 가구 및 인테리어 표면소재이다. 특히 ESG경영에 부합하는 친환경 보드 제조사업과 주방상판의 고급화에 따른 변화에 주목하면서 사업역량을 집중하고 있다. 경영혁신형 메인비즈와 기술혁신형 이노비즈 자격을 획득하고 회원사로 활동하고 있다. 또한 가족친화인증과 품질경영시스템인증, 환경경영시스템 인증을 획득하고 ESG경영에 주력하고 있다.

영업은 기업의 꽃이다

'영업은 기업의 꽃이다. 영업은 종합예술이다.'

영업은 제품의 지식뿐만 아니라 세무, 법률 등 다양한 영역에서도 기본적인 소양을 갖춰야 한다. 그래서 영업은 전공불문하고 아무나 할 수 있지만 아무나 안 되는 영역이다.

사람마다 영업스타일은 다르다. 정답은 없어도 좋은 결과물을 만드는 사람은 나름의 이유가 있다. 어떤 방식이든 상대로부터 선택받아야 영업에 성공한다. 연애하듯이 상대방에게 호감을 줘야 한다.

반드시 술을 잘 마셔야 영업이 잘 되는 것도 아니고 말을 잘해야만 성공하는 것도 아니다. 어떤 방법이든 상대에게 신뢰를 얻으면 된다. 그래서 영업의 최고 덕목은 신뢰를 바탕으로 이어지는 '좋은 관계'이다. 수많은 사람들과의 관계형성으로 자기만의 성공방정식을 만들어 보자.

면접으로 인한 뒤바뀐 인생

　1983년 L사 입사지원서의 희망 직종란에 제 1지망 재경부, 제 2지망 인사기획, 제 3지망 구매부라고 기재하였다. 대학에 다닐 때 토지평가사와 공인감정사(지금의 감정평가사) 자격 시험을 준비하면서 회계학을 공부한 경험 때문에 재경부를 제 1지망으로 썼고 경영학이 전공이라 제 2지망을 인사기획, 그리고 구매부는 소위 끗발이 있을 것 같아 제 3지망에 지원하였다. 그런데 4지망까지 기재하도록 되어 있다보니 아무리 찾아봐도 생산, 연구, 기술, 등등… 영업이 하나 보이길래 제4지망을 영업으로 기재했다.

　그런데 하필 면접관이 1, 2, 3지망은 제껴두고 제 4지망에 기재한 "혹시 영업을 할 수 있겠습니까?"라고 질문했다. 엉겹결에 할 수 있다고 대답했더니 연이어 "지방 근무가 가능합니까"라고 묻길래 "할 수 있지만 가능한 서울 본사에서 근무하고 싶습니다"라고 뜻을 밝혔다.

　그렇게 나는 L사 본사의 영업 부서로 발령이 났다. 국내 굴지의 대기업 합격으로 나는 주변의 부러움을 샀다. 입사 후 연수원에서부터 '영업은 기업의 꽃이다!' 라는 말로 수없이 세뇌당했다.

　막연하게 영업이 중요하다라는 정도로만 인식했는데 시간이 지나면서 결국 기업이란 제품 생산과 생산된 제품의 판매라는 두 개의 수레바퀴로 굴러간다는 기업 생리를 이해하게 되었다.

그 당시 직장생활은 잠시만 경험해 볼 작정이었고 대학시절에 공인감정사 1차 합격을 했기 때문에 한국감정원 2년 연수를 마치고 2차 시험을 통해 전문직인 공인감정사(지금의 감정평가사)로 살아 갈 계획이었다.

그런데 면접으로 희망 직종과는 달리 영업으로 배치되면서 운명이 바뀌었다. '영업'이 '사업'을 할 수 있었던 용기와 기회를 안겨주었던 것이다. 영업을 통해 수많은 크고 작은 사건을 직접 경험하고 자수성가한 사업가들의 성공 경험담을 어깨너머로 학습할 수 있었기에 창업이 가능했던 것이다.

창업을 꿈꾼다면 영업으로 입문하라고 강력히 제안한다. 특히 연구직이나 전문직이 아니라면 전공불문하고 영업을 할 수 있다. 다만 영업은 많은 분야의 소양이 요구되기 때문에 끊임없이 다양한 영역에서의 공부를 게을리 해서는 안된다. 영업만큼 고도의 스킬과 전략이 요구되는 직종도 드물기 때문이다.

나의 인생은 첫 직장에 내가 희망하지도 않았던 영업직으로 입사하게 되었기에 창업으로 연결될 수 있었다.

전화교환실에 찾아간 최초의 영업사원

입사 초기 울산공장에 출장 갔을 때의 일이다. 공장 입구 매점에서 음료와 간식거리를 잔뜩 사서 전화 교환실부터 들렀다. 교환실의 여직원들은 불쑥 나타난 나를 두고 모두가 놀라는 표정들이었다.

"누구세요? 어쩐 일이세요?"

"저는 서울 본사에서 근무하는 영업사원 정대홍입니다."

간단히 내 소개를 한 뒤 영업하는 데 있어 전화통화 때문에 애로가 많다고 하소연했다. 당시에 서울 영업은 매일 아침 공장 관계자와 생산 및 출하 관련 일을 상의하는데 그 유일한 수단이 전화였다. 대부분 교환을 통한 전화는 '통화중'으로 연결이 어렵고 직통 전화기 앞에는 늘 고참들이 길게 줄을 선 까닭에 공장과 통화하는 것이 하늘의 별따기처럼 어려웠다.

교환실 직원들은 내 사정을 듣더니 모두가 나를 돕겠다고 약속했다. 총각 신입사원이 아무도 찾지 않던 교환실을 찾아가 도움을 청했으니 그 간절함이 통했던 것 같다.

그날 이후 서울 본사에서 공장과 통화하기 위해 직통 전화기 앞에 줄을 서야 하는 일도 없어졌고, 항상 통화중으로 연결이 어려운 교환전화를 사용할 필요도 없었다. 왜냐하면 매일 아침에 울산 교환실에서 내 자리로 전화를 걸어 주었기 때문이다.

나는 편안하게 생산공정 및 출하 담당 등 필요한 사람과 부서를 옮겨가면서 전화통화만 하면 되었고 누구보다도 빠르게 공장 업무를 끝내고 고객을 만날 수 있었다.

이후 교환실은 공장 출장길에 반드시 찾아가는 방문 코스가 되었다. 어쩌다보니 한 여성으로부터 학을 접은 항아리도 선물받았고, 추운 겨울날 손으로 뜬 털옷도 선물로 받기도했다.

'궁하면 통한다' 고 했던가? 전화통화의 애로 때문에 무턱대고 교환실을 방문한 것은 참으로 잘한 일이었다. 어쩌면 교환실 직원들이야 말로 당시에 나에게 있어 최고의 고객이었을런지 모른다.

나에게는 어려운 일인데 상대방에게는 쉬울 수 있고, 나에게는 쉬운데 상대는 어려울 수도 있다. 나에게 쉬운 것으로 상대를 돕자. 반면에 나에게는 어렵지만 상대에게 쉬운 일이라면 도움받을 수 있다. 다만 간절해야 한다. 상대도 누군가가 간절함으로 도움을 구할 때 자신의 존재가치를 느끼기 때문이다. 어떤 위치에서 어떤 일을 하더라도 소중하게 대하고 간절함으로 구하자.

눈물의 편지, 납기도 품질이다

내가 담당했던 아이템 중에서 가격이 저렴한 전사용 시트가 있었다. 당시 크레파스 케이스 표면에 전사 인쇄용으로 사용되었다. 그 제품은 당시 공장에서 우스갯소리로 두번 놀란다는 말을 했다. 주문 수량에 비해 금액이 얼마 안되니 수량에서 한번 놀라고 금액에 또 한번 놀란다고 하여 두번 놀란다고들 했다.

그런데 하필이면 이런 하찮은(?) 제품이 주문한 지 꽤 시일이 지나서도 안료가 없어서 생산 일정이 계속 밀리고 있었다. 부랴부랴 기획 부서 선배에게 긴급 부탁을 하여 비행기편으로 안료를 입고 해 주었다. 그럼에도 불구하고 생산이 되지 않았다. 이번에는 말대가 없다는 것이었다.

차오르는 울분을 도무지 참기 힘들어 〈눈물의 메시지〉라는 편지 글을 작성했다.

"저는 청운의 꿈을 안고 L사에 입사했습니다. 고객을 대하기가 너무 부끄럽습니다….(중략)…아무리 금액이 적은 주문이라 하더라도 우리에게는 너무나 소중한 고객입니다. 오늘 100원어치 팔아주는 고객이 내일 1000원어치 팔아줄 수 있고 한달 후에는 만원어치도 팔아줄 수 있습니다. 영업은 영업사원 혼자만이 하는 일이 아닙니다. 생산도 영업이요, 출하도 영업입니다. 다만 영업이 회사를 대리해서 고객을 상대할 뿐입니다. 안료가 없다고 … 심지어 말대가 없어 생산을 못한다는 말을 차마 고객에게 전할 수가 없습니다. 납기도 제품의 품질만큼 중요합니다. 청운의 꿈을 안고 입사한 신입사원으로서 큰 비애를 느낍니다. L자 뱃지를 달고 다니기가 부끄럽습니다."

이 글을 읽은 담당 부장님은 글 하단에 사인을 하라 하셨고 바로 임원에게 보고가 되었다. 이것이 공장장 앞으로 전해져 여러 사람이 시말서를 쓰는 사태까지 이어졌다.

본래 의도는 공장에 영업의 답답함을 전할 의도였는데 신입사원의 심경으로 쓴 글을 접한 임원은 중대 사안으로 받아 들였는지 공장장에게 진상을 파악하라고 문책을 지시했던 것이다.

이 사건으로 공장에서는 "영업부서에 국문과 출신 정대홍이라는 녀석이 있으니 앞으로 조심들 해라"라는 말이 나돌았다. 졸지에 경영과 출신인 내가 국문과로 탈바꿈한 웃지 못할 사건으로 마무리 되었다.

이 일로 나는 공장에서 조심 인물로 분류되었지만 차츰 시간이 지나면서 공장 직원들과 관계는 더 공고해졌다. 이후에는 공장에 출장만 내려가면 주문 우선순위에 관계없이 중간에도 생산반영을 해주었다. 아마도 영업을 열심히 하려는 진심을 좋게 봐준 것 같다.

생산이든 출하든 넓은 의미에서 모두가 영업이다. 또한 제품의 품질도 중요하지만 납기도 품질이다.

창업, 운명이었을까?

1995년 창업하기 전에는 국내 굴지의 대기업 L사에 근무하면서 안정된 생활을 영위하던 평범한 샐러리맨이었다. 도대체 어디에서 그런 배짱이 나왔을까? 특히 사업 자금이나 담보력도 없이 맨손으로 사직서를 냈다는 것이 아무리 생각해 봐도 무모한 도전이었다.

창업은 번지점프와 같다
- 두렵지만 한발 내딛는 순간 두려움은 끝난다 -

1990년대 초쯤이다. 가구의 표면 소재와 관련된 영업을 하던 중에 주방 상판 소재가 눈에 띄었다. 수입 제품으로 D사의 MMA 인조석이었다. 순간적으로 향후 주방 상판용 소재로 바뀔 것 같다는 예감이 들었다. 사업부장께 신규 사업 아이템으로 보고드리자 이미 중앙연구소에서 연구를 진행 중이라고 했다.

당시에 나는 지방 근무 중에 내 의사와 무관하게 본사로 발령을 받아 근무하고 있었다. 매번 인사철만 되면 부서 이동에 대한 스트레스가 있었다. 그나마 같은 지역에서의 부서 이동은 덜했지만 지역 이동은 자녀들이 가장 큰 문제였다. 직장생활은 근무지나 부서를 내 마음대로 정할 수 없는 한계가 있었다.

이런 이유 때문이었는지는 몰라도 인조석에 대한 미련을 떨칠 수 없었다. 몇차례 고민 끝에 해당 부서에 관심을 표했더니 필요한 요건만 갖추면 판권을 줄 수도 있다는 것이었다. 순간 심장이 벌렁거리고 창업에 대한 욕구가 치솟았다.

막상 창업으로 기정사실화 되기는 다른 곳에서 발생했다. 공장 출장길에서 타부서 G부장께서 자기 부서에서 함께 일할 것을 제안했다. 하지만 이미 마음속으로 창업에 대한 생각으로 꽉 차 있었다.

"부장님! 죄송합니다. 제가 회사를 그만 둘 수도 있습니다. 그래서 그 제안을 받아들일 수 없습니다."

문제는 출장을 다녀온 다음날 아침에 발생했다. 사업부장인 J상무가 나를 호출하더니 다그쳤다.

"로컬 방송에 의할 것 같으면 자네가 요즘 딴 생각을 갖고 있다고 들었는데 무슨 일 있는가?"

나는 반사적으로 대답했다.

"회사를 그만두고 창업을 하려고 합니다!"

두 사람 사이에 정적이 감돌았다. 무슨 사업을 계획하느냐고 재차 묻길래 '지금 연구소에서 연구 중이고 생산설비도 진행 중인 인조대리석'이라고 대답했다. J상무는 어안이 벙벙한지 나가라고 하였다.

이후 사업부 내에 소문이 퍼졌고 창업은 기정사실화가 되었다. 제대로 준비도 못했는데 회사를 그만둔다고 생각하니 미래에 대한 불안감이 엄습했다. 마침 사업부는 조직개편을 앞두고 있어 내 문제가 이슈화 되고 있었다. 어떻게든 담당부장님은 나를 설득하고자 일요일 날 집으로 전화까지 해서 아내를 설득했다.

"사업은 쉽지 않습니다. 회사에서 일도 잘하고 인정받는 사람이니 그만두지 못하게 말리세요."

처가 어른들도 안정된 직장을 그만두고 미래가 불확실한 창업을 한다니 무모해 보였던지 난리가 났다.

만약에 아내마저 "회사 그만두면 이혼하겠다!"라고 선전포고라도 했으면 창업은 실패했을 것이다. 나를 믿어 준 아내에게 감사한 마음뿐이다.

결과적으로 나는 보직해임 되었고 대기 발령 상태로 사표 수리는 1995년 1월 초로 결정되었다. 당시에 그래도 인간적인 배려가 있어 몇달간 회사일을 하지 않고 준비 기간을 주었다. 순간적으로 이루어진 일이고 막연한 시작이었지만 가시밭길을 걷는 창업은 이렇게 시작되었다. 창업은 '번지점프'와 같다. 두렵지만 한발 내딛는 순간 두려움은 끝난다.

안되는 이유보다 될 수 있는 방안을 찾아라!

L사 재직시 지방 근무할 때였다. 사업부장 J상무가 지방 순시 때 보고하는 자리에서 있었던 일이다.

"목표 매출을 2배로 하겠습니다!"

지금 생각해도 당돌한 제안이었다. 대부분 주어진 목표를 달성하는 데 이런저런 시장 환경을 핑계로 어떻게든 목표 금액을 낮추려는데 나는 거꾸로 목표 금액을 2배로 증액해 달라고 보고를 했다. 물론 무조건 하겠다는 것만은 아니었다. 목표금액 2배 달성 조건으로 추가 인원 2명을 요청했다. 당돌한 제안이었다. J상무님은 내 제안을 수용했고 구조조정이 필요한 공장 인원 중에서 직접 면접을 통해 뽑으라고 하였다. 사람을 내가 직접 뽑을 수 있다니 상상이 되지 않았다. 그렇게 하여 주로 서울 본사에서만 판매하였던 산업용 시트를 지방에서도 팔 수 있게 되었다. 그리고 나는 약속을 지켰다.

시장은 보는 관점에 따라 다르다. 굳이 안되는 이유를 찾아 나열하기보다 되는 방안을 찾아 지원을 요청한 것이다. 그것이 사업부장께서 좋게 본 이유가 된 것 같다.

내가 사업을 해보아도 안 되는 이유를 나열하는 직원이 싫다. 어떻게든 지원해 주면 훨씬 더 많은 성과를 내겠다고 하는 직원이 예쁘게 보인다.

"안되는 이유보다 될 수 있는 방안을 찾으라!" 100가지 중에 안되는 이유가 99가지라도 반드시 될 수 있는 방법 한 가지가 있다. 이왕 하는 일이라면 적극적으로 하라. 당돌한 목표를 제시하고 지원을 요청하라! 반드시 되는 방법이 있다.

사람이 최고의 자산이다

중소기업 CEO들의 가장 큰 고민은 사람이다. 중소기업의 근무조건으로 원하는 인재를 찾기란 쉽지 않다. 또한 조건에 맞는 인재가 내가 원할 때 바로 나타나는 것도 아니다.

우리 회사에도 숱한 사람들이 입사하고 퇴사했다. 사람으로 인해 잃은 것도 많고 얻은 것도 많다. 기업 경영이야 말로 운이 잘 따라야 하는데 특히 인재운이 많이 좌우한다.

회사 규모가 커지면서 조직을 구성하고 직원을 더 많이 채용한다. 이때부터는 CEO 마음대로 되는 게 별로 없다. 구체적인 업무는 모두 직원을 통해 진행되기 때문에 담당자의 의견을 듣고 판단을 내리는 것이 중요하다. 담당자의 관점에서 제시된 의견이기 때문에 때로는 왜곡된 정보로 인해 오판할 수도 있다. 하지만 훌륭한 직원을 통해 성공적인 결과를 얻기도 한다.

지인 중에 베이커리 사업을 하는 B사장은 레고코리아에서 근무할 때 한국지사장 L회장의 신임이 두터웠던 것 같다. 당시에 덴마크의 유명한 베이커리 회사가 한국에 지사를 검토하고 있다는 말에 그는 선뜻 L회장께 "회장님! 저에게 기회를 주시면 안되겠습니까? 제가 한번 해 보겠습니다!"라고 해서 기회를 붙잡았다. 그는 평생 잊을 수 없는 은인이라며 지금도 틈만 나면 L회장님에 대한 이야기를 한다.

그는 레고에서 평소 유심히 봐왔던 후배 직원 두 명을 베이커리 사업에 동참을 시켰다. 그들은 지금도 생산과 영업 분야 총괄 임원으로 재직 중이다. 이 두 사람이 함께하지 않았다면 오늘은 없었을 거라고 종종 말한다. 현재 종업원 200여 명 가량의 모범적인 중견기업이다.

우리 회사도 나와 동거동락을 함께 한 사람들이 많다. 그 중에 여성이 많고 남성들이 상대적으로 적다. 아무래도 내가 남성들을 잘 다루는 용병술이 부족한 것 같아 항상 아쉬움으로 남는다. 여성들은 공감능력이 뛰어나고 안정지향적이다. 반면에 남성들은 인정받고자 하는 욕구로 '욱' 하는 성격도 있지만 추진력이 빠르다.

사람이 자산이다. 대부분의 CEO들이 사람 문제로 고민이 많다. "믿고 맡겨라"고 하는데 문제는 잘못된 사람을 뽑아 믿고 맡기면 낭패를 당할 수도 있다는 것이다. 반대로 잘 뽑은 한 사람이 회사를 먹여살린다.

정답은 없지만 사람을 채용할 때, 여러 평가항목 중 제일 우선은 '인성'이라고 생각한다. 업무능력은 훈련과 실전을 통해 길러낼 수 있지만 인성만은 회사에서 바꿀 수 없다.

우리회사의 핵심 인원들은 모두 훌륭한 인성을 지니고 동고동락을 함께 한 장기 근속자들이 대다수이다. 그들과 함께 할 수 있었기에 30년 가까이 이어 올 수 있었다.

광고비 없이 제품을 홍보하다

한번은 신제품이 몇몇 선배들을 전전하다가 나에게 맡겨졌다. 방수투습원단으로 당시에 오리털파카에 주로 사용되었다. 나일론이나 폴리에스테르원단에 PU코팅을 하여 땀방울 정도의 작은 입자는 방출하고 물 같은 굵은 입자는 침투가 안되는 기능성 원단이었다.

이 제품이 초기 시장에서 제대로 안착되지 않아서 맡았던 담당자마다 애를 먹고 있었다. 우선 이 제품을 어떻게 사용자에게 알리느냐가 관건인데 때마침 《월간봉제》라는 봉제 전문 잡지사의 여기자를 소개받았다. 나는 홍보가 필요하고 기자는 기사거리가 필요하니 양쪽 다 실익이 컸다. 이 잡지는 기능성 원단으로 옷을 만드는 회사들이 구독했기 때문에 우리 회사의 제품을 알리는 좋은 기회가 되었다.

별도의 광고비 지출 없이 전문 잡지에 몇회에 걸쳐 제품을 소개하자 이곳저곳에서 문의가 들어왔다. 매출은 날로 증가하였다.

대부분 전문잡지사 기자들은 광고 게재를 부탁한다. 하지만 한 푼이라도 아껴야 하는 창업 초기 때는 광고비 없이 제품을 홍보하는 게 중요하다. 특히 관련 제품의 업종에 종사하는 기업들과 연계된 전문잡지사 사장이나 기자와 친하게 지내면 홍보의 기회를 얻게 된다.

창업 후 우연찮게 잡지사 기자로부터 연락이 왔다. 아마도 내가 다니던 L사가 대기업인데다 내가 L사 출신이라 찾았던 것 같다. 기자가 사무실로 오겠다고 하길래 약속을 L사 디자인센터로 정했다. 당시에 사무실이 너무 볼품 없어 기자에게 보이는 것이 부끄러웠다. 반면 L사 디자인센타는 다양한 제품도 전시되어 있고 고객 접견실이 따로 있어 상담하기도 좋은 장소였다. 돈 한푼 안들이고 L사 디자인센터를 우리 회사 사무실처럼 활용했다.

효과는 대성공이었다. 내가 《윈도어》 잡지의 표지 인물란에 실려서 회사 홍보가 크게 되기도 했다. 아쉽게도 표지인물로 나온 그 잡지를 분실하여 지금은 볼 수가 없다.

적자 아이템을 흑자로 전환하다 – 선택과 집중

지방에서 서울 본사로 발령받아 맡게 된 아이템이 적자 수렁에서 헤어나지 못하고 있었다. 전임자는 가격 인하로 매출을 늘려 흑자를 달성하는 안을 내놓았는데 이에 따라 각 대리점에 목표 매출이 할당되어 있었고 이미 사업부장께 승인을 득한 상황이었다.

나는 부서원들과 용도별로 시장 환경과 경쟁사의 현황을 먼저 분석했다. 단편일률적으로 가격을 인하해서 매출을 늘리기도 어렵고 더더욱 손익이 개선되기는 불가능했다. 전략을 전면 수정할 수밖에 없었다. 소규모 제조사가 만드는 스크랩을 섞은 다품종 소량 생산품목은 L사의 설비로 적합하지 않았다. L사의 설비는 대량생산과 고품질에 적합한 설비였다.

선택과 집중이 필요했다. 강점에 올인하기로 하고 경쟁력 없는 다품종 소량 생산 제품은 팔지 않기로 했다. 당시 장폭의 무독시트는 L사와 H사만이 생산 가능한 제품이었다. 과감하게 먼저 가격을 인상했고 뒤이어 H사도 따라 올렸다. 가격을 올리니 매출 볼륨도 늘고 흑자 전환이 되었다. 강점이 있고 잘 할 수 있는 곳에 집중한 것이다. 선택과 집중이 이기는 게임이 될 수 있었다.

당시에 L사와 H사의 출혈 경쟁으로 소규모 제조사는 고래싸움에 새우등 터지는 형국이었다. 더구나 중소제조사들이 주로 생산하는

품목은 스크랩 원료를 섞어 사용하는 저가품으로 설비도 보잘 것 없었다. 대기업의 설비는 이런 제품을 만드는 데 적합하지도 않았는데 중소 제조사를 L사의 경쟁사로 본 것이 잘못이었다.

그러다보니 L사 대리점들에게 중소제조사가 만드는 제품을 취급하지 못하게 하고 울며 겨자먹기식으로 적자를 감수하고 저가제품도 공급하였던 것이다.

중대한 결단이 필요했다. 더 이상 경쟁력이 없는 제품은 전면 판매를 중단했다. 그리고 L사 대리점은 L사에서 더이상 생산하지 않는 저가제품은 중소 제조사를 통해 자유롭게 취급토록 했다. 이런 일로 나는 중소제조사 사장님들로부터 구세주(?)가 되었다. 중소제조사를 위해서 선택한 정책은 아니었지만 결과적으로 상생할 수 있었다.

같은 시장과 제품도 보는 사람의 각도에 따라 이처럼 다르게 해석될 수 있다. '선택과 집중'은 먼저 자기 자신을 잘 파악해야 된다. 특히 무조건 많이 팔아야만 되는 것은 아니다. 많이 팔수록 손해가 나는 제품은 포기할 줄도 알아야 된다. 강점이 무엇이고 잘 하는 것이 무엇인지를 파악할 때 어디에 집중해야 되는지 알 수 있다. 이것이 이기는 게임이다.

생각도 연습을 통해 단련된다

생각도 연습을 통해 단련할 수 있다. 나는 '생각 연습'을 생활화한다. 우리 몸도 운동을 통해 단련되듯이 생각도 연습하면 단련된다. 어떤 생각으로 사느냐가 중요하다. 원하든 원치 않든 매일 숱한 일들 속에 스트레스가 쌓이고 깊어지면 몸에 병이 생긴다. 스트레스가 쌓이면 입안에 침이 마르고 밥알이 모래알 씹는 것처럼 거칠어진다. 그럴 때마다 '생각 연습'으로 상황을 돌려보자.

창업 후에 얼마되지 않아 사무실 벽에 '생각이 에너지다!' 라고 써 붙이고 항상 그 문구를 보며 성공을 상상했다. 좋은 생각을 할수록 더 많은 좋은 일이 일어났다.

'생각이 에너지다' 수년 전에 SK주유소의 광고 문구에 사용된 것을 보고 깜짝 놀란 적이 있다. 내가 만든 캐치프레이즈가 이렇게 광고 문구로 사용되고 있었다. 어떤 카피라이터가 내가 사용한 문구를 도용(?)했을까? 우연의 일치라고 해야 하나….

사람은 하루에도 오만 가지 생각을 하지만 사실 기억나는 것은 몇 개 안된다. 전부 쓸데없는 걱정거리만 만든다. 하루에도 몇번씩 불현 듯 떠오르는 노여움, 불안, 근심 걱정이 떠오르면 이렇게 상상해보자.

"내 손이 머리 속으로 들어간다.

> 사 훈
> **좋은생각**

그리고 부정적인 단어들을 끄집어 내서 휴지통 속으로 던져 버린다. 그리고 긍정의 단어로 바꿔 머릿속을 채운다."

생각도 연습이 필요하다. 자주 할수록 멘탈이 강해진다. 어떻게 내 손이 머릿속으로 들어가겠는가? 하지만 '생각 연습'으로 가능하다. 스포츠 선수들도 '이미지 트레이닝'을 한다. 이처럼 생각 연습이나 이미지 트레이닝이나 그 원리는 차이가 없다.

'생각 연습'은 시공간에 구애받지 않고 돈도 안 들이고 공짜로 할 수 있다. 운전 중에도 할 수 있고 신호 대기 중에도 할 수 있고 걸으면서도 할 수 있어 쉽고 편하다.

우리 회사의 사훈이 '좋은 생각'이다. 좋은 생각이 좋은 결과를 가져오고 좋은 운명으로 연결짓는다.

생각이 바뀌면 관상이 바뀌고 운명이 바뀌며 심지어 건강을 좌우하기도 한다. 내 몸의 사용을 생각 연습으로 제대로 활용해보자. 뇌 과학자들의 연구 영역이 되겠지만 생각 연습이 생각의 근육을 키운다고 확신한다. 좋은 생각만으로도 절반은 성공이다.

금융위기 이후 또 한번의 부도

"원고의 처지를 생각하면 참으로 안타깝습니다. 원고의 억울함은 충분히 이해되지만 판사가 어떻게 법의 문턱을 넘어서 판결할 수 있겠습니까?" 부장 판사가 판결을 앞두고 원고인 나에게 한 말이다.

'법의 문턱을 넘어서…' 라는 말을 잊을 수가 없다. 당시의 부장판사는 나의 억울함을 안타까워 하면서 부도난 법인에 연대하여 법인의 대표인 피고에게까지 책임을 물을 수 없다는 취지로 나의 뇌리에 생생하게 각인시켰다.

사건은 이러했다. 금융위기 이후 또 한번의 큰 부도를 맞았다. 원청인 가구사가 발행한 어음을 1차 협력사를 통해 받았다. 문제는 우리 회사가 받을 금액보다 더 큰 어음을 주면서 나머지는 다른 어음으로 거슬러 달라했던 것이었다. 그런데 받은 어음이 부도가 나는 바람에 거슬러 준 금액까지 더하여 더 큰 피해를 입었다.

나중에 알고보니 융통 어음이었다. 그러다보니 피해금액이 무려 10억이 넘는 부도금액으로 인해 회사도 휘청거렸다.

문제는 어음을 발행한 원청이 부도 낸 것도 고의적이었지만 이 어음에 배서하여 우리 회사에 지급한 회사들의 파렴치한 행동이었다. 적어도 부도금액의 절반이라도 책임질 생각을 해야 되는데 그렇지 않았다. 심지어 황당한 일도 벌어졌다.

기존의 법인을 폐업하고 다른 사람 명의로 바꾼 것이다. 그리고는 다른 회사인양 버젓이 사업을 계속했다. 채무 면탈의 사기였다. 같은 사업장에서 동일 설비로 동일 업체를 상대로 거래하면서 회사명과 대표자만 바꾼 것이다. 그럼에도 불구하고 경험이 없다 보니 사기 입증을 제대로 못한 것이다.

부장판사가 사건의 전후를 보고 피고 변호사에게 '피고가 절반이라도 갚도록 하는 게 좋겠다' 라고 제안하면서 강제 조정서를 보냈으나 피고측에서 수용하지 않았다.

내가 피고회사의 대표에게 연대보증을 받지 못한 까닭에 부장판사는 결국 부도가 나서 휴지조각이 된 피고회사에게만 승소판결을 내린 것이다. 법의 문턱을 넘어 피고회사 대표에게까지 책임을 물을 수 없음을 안타까워 한 것이다. 주위에 부지기수로 이런 유사한 피해를 보는 기업가들이 많다.

기업가가 감당해야 될 리스크 중에서도 부도리스크는 속이 타들어 간다. 지독한 스트레스로 죽고 싶은 생각마저 든다. 기업은 항상 이러한 리스크에 잘 대비해야 하는데 담보 없이 신용으로 거래하다 보니 너무 어렵다.

또한 납품을 할 때는 '을' 의 위치에 있기 때문에 연대보증을 받기도 어렵다. 오로지 사람에 대한 분별력을 키울 수밖에 없다.

영업은 종합예술이다

영업은 '1+1=2'라는 등식이 성립되지 않는다. 5나 10이 되기도 한다. 영업은 제품 지식만 있다고 되는 것도 아니다. 시장, 정치, 경제 등등 …. 다양한 영역에서 상식적으로 많이 알아야 된다. 그러다 보니 영업은 끊임없이 공부하고 겸손한 자세로 임할 때 좋은 성과를 만들어 낸다.

나는 영업에 특별한 스타일이 없다고 생각한다. 영업이야 말로 종합예술이다. 영업은 상대에게 맞춰야 되기 때문에 정치, 경제, 문화, 예술, 스포츠 등 만나는 사람에 따라 어떤 주제로도 소통이 되어야 한다. 영업은 다양한 사람을 만나며 상대의 취향에 따라 다양한 주제로 이야기 할 경우가 많다.그래서 쉬울 것 같지만 결코 쉽지 않다.

지방영업소에 근무할 때였다. L사장은 거의 중독에 가까운 낚시광이었다. 한번은 영업 지원차 동행하여 남해로 가는데 낚시 관련 이야기를 하는데 도무지 알아들을 수가 없었다.

낚시꾼들이 주로 쓰는 용어 중에 '포인트'가 있다. 알고 보니 고기가 노는 장소를 포인트라고 한다. 낚시광들은 이런 포인트를 귀신같이 찾아낸다. 엉뚱한 곳에 밑밥을 뿌리고 낚시를 해본들 입질을 기대할 수 없다. 영업도 낚시꾼과 마찬가지로 포인트를 알아야 프로로 인정받을 수 있다.

시장이 낚시터라면 시장에도 영양가 있는 고객이 있다. 그런 고객이 있는 곳을 포인트라고 한다면 그곳에 가서 놀면 된다. 논다고 하니 이상하게 들릴지 모른다. 그런데 사실 영업은 상대를 만나 영업 관련 이야기도 많은 시간이 필요하지 않다.

영업의 본질은 상대방과 어떻게든 공감대가 형성되어야 한다. 그렇게 공감대가 형성되기 시작하면 가정사부터 미주알 고주알 얘기할 수 있는 관계가 형성된다. 이쯤되면 거래할 수 있는 답안지를 만들어 준다. 공감대 형성을 위해 영업은 상대의 취향과 성향을 잘 살펴야 한다. 주의해야 할 부분이라면 정치 얘기는 함부로 먼저 시작해서는 안된다. 상대의 성향도 모르고 함부로 정당이나 특정 정치인을 지지하거나 비난했다가는 큰 낭패를 겪을 수도 있다.

기업가는 정치인이 아니다. 기업가답게 처신하는 게 최고의 덕목이다. 특히 어느 정당을 지지한다고 해도 겉으로 내색까지 할 필요는 없다.

영업에 정답은 없다. 뚜렷한 공식도 없다. 사람마다 스타일이 다르듯 오로지 자기만의 스타일이 필요하다. 특히 예측불가한 돌발상황에 유연하게 대처할 수 있어야 한다. 바둑판의 '흑'과 '백'처럼 매번 둘 때마다 다른 결과가 나온다.

영업은 이처럼 다양한 영역에서의 지식과 경험이 요구되는 종합예술이다. 수많은 다양한 사람들을 만나는 과정에서 그들의 강점을 배워라. 그리고 그것을 자기에게 잘 접목시켜보자.

좌절을 이겨내는 힘은
어디에서 오는가

신뢰는 어떻게 형성될까?

영어로 이런 말이 있다.

"Give and Take" 즉 먼저 주고 받으라는 것이다.

인성에 문제가 없는 사람이라면 먼저 베풀어라. 절대 배신하지 않는다. 특히 사업상 만나는 파트너는 상호신뢰가 있어야 오래 함께 할 수 있다. 주변으로부터 신뢰받을 때 성공의 기회가 온다.

영업을 통해 많은 분들을 만날 수 있었고 성공한 분들의 어깨 너머로 배운 것이 너무 많다. 세상을 살아가면서 원하든 원치 않든 수많은 사람을 만난다. 그 중에는 뜻하지 않는 낭패를 당하기도 하고 어떤 경우에는 평생 잊지 못할 은인을 만나기도 한다.

나를 믿고 도움을 주신 수많은 분들이 있었기에 오늘의 내가 존재할 것이다. 나열하기 힘들 정도로 많은 분들께 도움을 받았고 배운 것이 많다. 전부 갚을 수는 없어도 항상 감사함을 잊지 않는다.

'신뢰'가 최고의 자산

수년째 영업을 하면서 자수성가한 사장님들에게 어깨 너머로 배운 것은 시장을 보는 안목과 사람을 대하는 방식이다. 이들은 공통적으로 '신뢰'를 최고의 자산으로 꼽아왔다.

H사장님은 늘 점퍼차림으로 아침 일찍 출근하셔서 매장 청소를 도맡아 하셨다. 그 당시 을지로는 도로포장이 완전히 되지 않을 때라 추운 겨울날 모닥불을 피워 몸을 녹이다가 바지를 태운 적도 있고, 수차례 자금난을 겪을 때마다 여자 경리를 시켜 인근 지인들 가게에 보내 돈을 융통했다고 한다. 그때의 괴로움 때문인지 H사장님은 손님이 오면 늘 인근 고기집으로 데려가 푸짐하게 식사 대접을 했다. 워낙 못먹고 살아서 푸짐하게 음식 대접하는 것을 최고의 접대로 생각하셨다. 자기 자신에게는 무척 인색하여 자가용도 없이 주로 지하철로 출퇴근을 하였다. 공과 사는 엄격했으나 사람을 대할 때는 무척 따스해서 주변에 사람들이 많이 모여들었다.

지금은 대중화가 되어 있는 인테리어시트가 H사장님에게는 사업의 전환점이 되었다. 필름 뒷면에 점착 처리를 해서 이형지를 붙인 제품인데 일종의 DIY제품으로 당시에는 생소한 제품이었다. 하루는 무일푼의 Y고객이 찾아와 개발을 의뢰했다.

H사장님은 미래에 대한 안목이 있었던지 과감하게 제작을 지원

했고 대박이 났다. 무일푼이었던 Y고객은 승승장구하였고 H사장님은 가게의 주력 제품도 인테리어 시트로 바꾸었다.

필름 공급사들이 H사장 경유 없이 Y업체에 직거래를 시도했지만 번번히 실패했다. H사장님과 Y고객은 오랜 기간 상호 '신뢰'하는 관계가 구축되어 Y고객은 타사와 직거래를 할 수 있었음에도 불구하고 경유구매를 지켰다.

좋은 파트너를 만나는 것은 운(?)이라고 해야 할까? 당연히 운도 따라야 성공할 수 있다. 다만 분명한 것은 좋은 운도 아무에게나 오지 않는다. 사람을 보는 분별력이 있어야 하고 기본적으로 먼저 베풀어야 한다. H사장과 Y고객은 '신뢰'라는 자산으로 상호협력하여 동반성장할 수 있었다. 아름다운 동행이자 끈끈한 우정으로 맺은 모습이 멋있어 보였다.

나의 멘토, 살아 움직이는 경영학

B회장님은 내가 L사에 근무할 때 대리점 사장님이었다. 지금은 매출 1000억의 중견 기업의 회장님으로 계시며 아들이 가업을 승계하여 경영 중이다. 지금은 B회장님을 "형님"이라고 부르며 친형 이상의 관계를 유지하고 있다.

B회장님은 경상도 함양 시골에서 무작정 상경하여 남대문에 있는 비니루 가게 점원으로 취업했다. 토큰 한 개를 아끼려고 신촌에서 서울역까지 걸어다녔고 당시 최고로 먹고싶은 음식이 짜장면 곱빼기였다고 한다. 그때의 어려운 시절이 몸에 베어 소박하고 검소하게 생활하는 분이시다.

B회장님께서 마르고 닳도록 자랑하는 분은 비니루 가게를 그만두고 창업할 때 사업자금을 빌려준 분이다. 이자를 주고 빌렸으니 달리 생각하면 고마울 것도 없을 것 같은데 B회장께서는 "그 선배가 돈을 빌려주었기에 나는 더 큰 돈을 벌 수 있었다"라고 말씀하신다. 생각하는 방식부터가 남다르다. 자기를 믿고 돈을 빌려 준 것에 더 큰 고마움을 가지고 있었다.

거래를 할 때는 물건을 파는 사람과 사는 사람이 있다. 어떤 거래처는 "내가 당신네 물건을 많이 팔아 주었으니…" 무언가 보답받기를 원한다. 그것도 당연한 듯이 생각하는 사람이 있다. 이것은 물건을 판쪽에서 감사함을 느끼는 게 중요하지 이런 요구를 당연시 하는 것은 잘못이다. 반면 "저를 믿고 많이 도와주셔서 이렇게 성장할 수 있었습니다"라고 하면 어떨까? 생각의 차이가 성공과 실패를 가른다. 생각의 차이가 더 큰 성공의 원동력이 되었으리라 믿는다.

B회장께서는 "돈을 빌리고는 갚겠다고 하는 날짜보다 항상 먼저 갚았다. 그렇게 하다보니 더 큰 돈을 빌려 주더라"고 했다. 작은 약

속도 소홀히 생각해서는 신용을 얻을 수 없다는 가르침이다. 이처럼 신용의 중요성을 목숨보다 소중하게 생각했던 분이기에 크게 성공할 수 있었던 것이 아닌가 생각된다. 별 일 아닌 것처럼 생각할 수도 있지만 약속을 잘 지키는 사람으로 인식시키는 것을 말이 아니라 행동으로 보인 것이다. 나름대로 신용을 쌓아 가는 원리를 알고 계셨던 것이다.

B회장께서는 "나는 가방끈이 짧다. 회사를 키우는 데 한계가 있다"는 말을 자주 했다. 그런데 IMF때 큰 사고(?)를 쳤다. L사의 설비를 전격 인수했다. 도박이었다. 모두가 반대했지만 과감하게 밀어붙였다. 결국 배짱과 결단으로 이루어진 설비 투자는 신의 한수가 되어 유통에서 제조를 하니 회사의 매출은 크게 올랐다.

B회장님을 볼 때마다 "형님은 살아 움직이는 경영학입니다. 나는 경영학을 전공했지만 형님한테 배우는 게 더 많습니다"라는 말을 자주 한다. B회장께서는 "나는 아는 게 별로 없어"라고 말하지만 내공이 철철 넘치는 기업가이시다. 자수성가는 저절로 이루어진 것이 아니다.

B회장님은 나에게 최고의 은인이자 멘토이시다. 오늘의 내가 존재할 수 있는 것도 B회장님의 도움없이는 불가능했을 것이다. 평생 갚아도 못 갚는다. 내가 L사를 그만두고 창업을 고민할 때 용기를 주신 분이다. B회장께서는 나에게 "회사일도 잘 하고 있는데..하지만 창업을 해도 자네는 잘 할 수 있을 것 같네"라고 말씀해 주셔서

그 한 마디에 용기를 얻고 창업을 결심하게 되었다.

창업 초기 사업이라는 게 만만치 않았다. 담보력이 있어야 L사의 인조석 신제품 총판을 할 수 있는데 친인척에게 도움을 구했으나 여의치 않았다. 체면을 무릅쓰고 B회장님께 담보를 부탁했는데 흔쾌히 담보를 제공해 주셨다. 잘못되면 날릴 수도 있는 상황이었는데, 지금 생각해도 내가 제정신이 아니었던 것 같다.

훗날 B회장님께 그때 무슨 생각으로 담보를 해 주셨는지 물은 적이 있다. "혹시라도 잘못 되었더라면 어쩔뻔 하셨어요?"라고 했더니 B회장님은 "잘못되면 어쩔 수 있나? 내 밑에 와서 일해야지"라고 하면서 웃어 넘기셨다.

세월이 많이 흐른 지금 생각해 보아도 내가 B회장님이라면 그렇게 할 수 있었을까? 나는 그런 배짱이 없을 것 같다. 고마우신 분이고 참으로 대단한 분이시다. 아무리 닮고 싶어도 쉽지 않을 것 같다. 내 인생의 최고의 멘토이자 등불이시다. B회장님께서는 처음 사무실 임대료도 아껴야 된다고 포이동 건물의 사무실 한칸을 내주셨다. 그 사무실은 건물 관리차 부사장이 가끔씩 사용하던 것인데 책상 몇개 두고 사용토록 했던 것이다.

창업 초기는 버는 돈이 없기 때문에 단돈 한푼이 아쉬울 때였다. 수입이 있고 형편이 될 때는 몇만원의 임대료도 부담되지 않겠지만 버는 돈이 없을 때는 단돈 몇만원의 임대료조차도 버겁다. B회장께서는 자수성가 하신 분이라 이런 어려움을 누구보다 잘 알고 계셨던 것이다.

B회장님을 통해 지혜를 하나 터득했다. 진짜 어려울 때 도움이 엄청난 힘이 된다는 것을 알았다. 같은 금액이라도 어려운 상황에서 받는 도움과 형편이 괜찮을 때 받는 것과는 도움의 무게가 다르다. 도울 일이 생긴다면 더 어려운 쪽에 우선 돕는 게 상책이다. 가끔씩 아들 또래 젊은 친구들을 만날 때 이런 얘기를 들려 준다. 이미 어느 정도 이루신 기업가라면 젊은 친구들이 성공하는 데 보탬이 되고 가교 역할을 하는 등대지기가 되라고 권한다.

B회장님을 통해 세상 이치와 살아가는 방식에 따른 교훈을 얻었다. 닮고 싶어도 닮기 어려운 거인을 만난 것은 내 인생 최고의 행운이 아닌가 생각한다.

건강을 잃으면 전부를 잃는 것

2011년 5월경, 초여름인데도 불구하고 한달 내내 기침을 했다. 피로감도 쌓이고 감기인가 싶어 병원에 가서 주사 한대 맞으면 되겠지 했는데 병원에서 처방한 약도 제대로 듣지 않았다. 두 번의 폐검사에서 의사는 폐암으로 의심된다는 소견을 밝혔다. 갑자기 멘붕이 왔다. 기침은 갈수록 심해지고 불안감이 엄습했다. 암이라면 극복할 수 있을까? 극복을 못한다면 얼마나 살 수 있을까? 가족은 어떻게 되나? 회사는 어떻게 하지? 온갖 잡생각으로 머리가 어지러웠다.

일단 다른 병원에서 또다시 체크해 보기로 하고 S병원에서 재검사를 했다. 검사결과가 나오기 전에 눈만 뜨면 가까운 산으로 향했다. 작은 베낭에 책 한권과 죽영을 탄 매실물을 한통 넣고 산을 올랐다. 그렇게 가파른 산이 아님에도 숨을 헐떡거리며 올랐다. 이미 내 몸이 만신창이가 된 상태였다. 한발 한발 내딛을 때마다 주술을 외웠다. 숨을 내쉴 때 "병 나가라"하고 숨을 들이 쉴 때 "뚝~딱~"하고 마음속으로 외쳤다.

검사 결과 다행히 폐암은 아니었다. 무기폐(폐꽈리에 공기가 없는 것)로 인해 폐기능이 저조해져서 외부의 불순물이 밖으로 제대로 배출 되지 않고 폐에 염증을 일으킨 것이다. 약은 없고 공기 좋은 곳에서 복식호흡을 하란다. 폐기능이 정상인보다 저조하기 때문에 복식호흡으로 산소 흡입량을 높히는 것이 좋다고 했다.

마음을 내려 놓기로 했다. 마음속으로 기도했다. "하느님! 제발 건강하게 낫게만 해 주십시오." 건강만 회복되면 만사 때려치우고 침과 뜸을 배워 봉사활동이나 하면서 살려고 했다.

자연은 위대했다. 틈틈히 이 산 저 산으로 배낭을 메고 올랐다. 차츰 몸이 조금씩 좋아지기 시작했다. 그러자 다 죽어가던 모습을 잊기 시작한 것이다. 그리고 또다시 예전으로 돌아오고 말았다. 인간은 참으로 간사한 것 같다.

나는 어릴 때부터 잔병치레로 건강에 자신이 없었다. 그런데다 사업을 하면서 몸을 제대로 돌보지 못했다. 시간이 지남에 따라 폐 기능이 나빠지면서 담배는 몸이 저절로 거부했다. 나로서는 건강에 더욱 관심을 갖는 계기가 된 것이다.

건강은 건강할 때 지켜야 한다. 건강이 망가지면 고치는데 애를 먹는다. 자칫하면 원래대로 회복될 수도 없다. 건강을 잃으면 다음은 없다. 건강을 잃으면 결국 전부를 잃는 것이다.

작은 습관 몇 가지만 실천해도 건강을 잘 관리할 수 있다. 아침에 눈뜨면 침대 위에서 몸부림 및 스트레칭으로 몸을 풀어라. 또한 발등을 서로 두드리라. 최소 100번 정도는 하는 게 좋다. 심장에서 먼 쪽에 자극을 주면 혈액순환도 잘된다. 걸을 때 공기 좋은 곳에서 복식호흡을 하도록 하라. 대화 중이든 운전시에도 가끔 손가락 마시지도 하라. 손끝이든 발끝이든 말초신경을 자극하라.

요즘은 나이 구분없이 건강관리를 못하면 난치병이나 불치병에 걸린다. 절대로 의사나 약이 나를 낫게 하는 것은 아니라 자신의 건강은 온전히 자기만이 책임지고 관리할 때 건강을 지킬 수 있다.

고객은 관심받을 때 이탈하지 않는다

'떠날 때는 말없이…' 유행가 가사를 부르려는 것이 아니다.

고객에게서 관심이 떠나는 순간 유행가 가사처럼 고객은 떠날 때 말없이 떠난다.

신규 고객을 개척하는 데 10달이 걸린다면 고객이 떠날 때는 10초 안에 끝난다. 고객은 열 가지 중에 한 가지 서운한 마음이 생기면 말없이 떠난다. 유행가 가사처럼 말이다. 문제는 한번 떠난 고객의 마음을 되돌리는 데는 처음 개척할 때의 10달이 아니라 10년이 걸릴 수도 있다는 것이다. 그래서 '수성'이 더 힘든 것이다.

대부분의 직원들은 지금 거래가 영원할 거라 착각한다. 하지만 현재 거래를 하고 있을 뿐, 서운한 마음이 생기면 언제나 떠날 수 있다. 더 열심히 하는 업체가 있으면 고객은 바로 돌아선다.

나는 직원들에게 "고객을 어항에 든 물고기라 생각하지 말라"고 자주 당부한다. 다 잡아놓은 물고기라 생각하고 관리에 소홀해서는 안된다는 뜻이다. 개척도 중요하지만 한번 맺은 인연을 소중히 하여 고객의 마음을 잘 헤아리는 게 더 중요하다. 한 골 넣고 두 골 먹으면 무슨 소용이 있겠는가? 지키는 게 기본이다.

한번은 실적이 저조한 직원에게 "요즘 A업체가 왜 실적이 저조하냐?"고 물었더니 "요즘 주문이 없습니다"라고 답했다. 그래서 혹시

나 하고 방문했더니 아주 사소한 일에 마음이 상해 다른 업체로 바꾸고 만 것이었다. 필요한 제품에 대한 문의가 있었다고 한다. 찾아보고 연락을 해 주기로 하고 하지 않았던 것이다. 직원이 깜빡했던 것이다. 그런데도 불구하고 우리 직원은 단순히 주문이 없다고 생각했다. 이처럼 고객은 사소한 것에 마음이 상하고 말없이 떠난다.

지키지 못하면 개척한들 무슨 소용이 있겠는가? 지금 거래하고 있을 뿐인데 내 것으로 착각할 때 반드시 사고가 난다. 괜찮은 거래처일수록 호시탐탐 누군가가 노리고 있다는 사실을 기억하자. 발 달린 인간들이기 때문에 수시로 넘나들 수 있다. 경쟁업체가 우리 거래처를 자기집 안방처럼 드나든다는 것을 모르는 무딘 직원들도 가끔 있다. 주요 업체는 반드시 체크해야 한다. 경쟁 업체가 안방을 차지하여 주인 행세를 할 때는 이미 되찾기 어렵다. 고객은 관심을 줄 때 이탈하지 않는다.

"개척보다 지키는 것이 중요하다." 이 말은 아무리 강조해도 부족할 것이다. 고객은 사소한 것에 서운해 할 수 있다. 고객은 서운함을 느낄 때 말없이 떠난다. 유행가 가사처럼 떠날 때는 말없이 떠난다. 고객은 어항속의 물고기가 아니다. 신규고객을 개척하기보다 기존 고객을 지키는 게 더 이익이다.

줄 돈을 제 때 잘 주는 업체가 성공하더라

회사 창업 초기에는 직접 현장 영업을 뛰었다. 우선 거래처 확보가 시급했다. 그렇다고 무턱대고 아무 곳이나 갈 수도 없었다. 당시 주방에 인조대리석을 사용하는 집은 대다수 부잣집이었다. 대표적인 가공업체 H사와 S사를 점찍고 매일 눈만 뜨면 찾아갔다. 두 회사 모두 사장들이 기술자이자 현장에서 주로 일을 했다.

H사는 주방상판을 주로 제작하는 업체였다. 사장은 사람을 만나는게 어색했는지 영업책임자를 별도로 두고 있어 초창기 만나기가 힘들었다. 하지만 차츰 미팅 횟수만큼 대화도 깊어졌다. 지난 세월 중동에서 고생한 이야기도 들려 주었고 인조석 가공 공장에 취업했을 때 월급만 받으면 술과 노름으로 집에는 빈손으로 갔던 얘기도 들려 주었다. 그런 그에게 하루는 아내가 "여보! 앞으로는 월급날 내가 술안주 만들어 줄테니 친구분들을 집으로 모시고 오세요"라고 해서 월급봉투를 갖다 주게 되었다는 이야기도 했다.

그렇게 반년 이상을 드나들자 H사 사장님과 은근한 정이 쌓였다. 하루는 회사로 전화가 와서 좀 보자고 하여 쏜살같이 달려갔더니 "특판 현장인데 가격 좀 잘 해 달라"는 것이었다. 주문량은 150매이다. 당시로는 큰 물량이었다. 가슴이 뛰었다. 지성이면 감천이라 했던가? 아무튼 그날부터 비슷한 물량의 주문이 이어졌다. 그것도 당월판매분을 다른 곳에는 익월에 결재했는데 나에게는 당월에 바로 바로 결재를 해 주었다.

　영업에 무슨 특별한 기술이 있겠는가? 아무리 생각해 봐도 일단 서로 원만하게 소통할 수 있어야 한다. 그렇게 되기까지 시간이 걸리고 끈기가 필요하다. 열번 찍어 안 넘어 가는 나무 없다. 너무나 평범한 진리다.

　S사 사장은 주로 금융기관의 상판을 가공 및 시공했다. 툭툭 내뱉는 말이 의미가 담긴 말이 많다. 자기계발 서적도 백권 이상 읽고 재벌들의 일대기를 다룬 다큐멘터리 영상을 시리즈로 시청할 정도였으니 성공에 대한 갈망이 무척 컸던 것 같다.

　S사는 수금날이 되기 전에 미리 끝전까지 맞추어 현금 결재를 한다. 미리 농협에서 잔돈까지 찾는다고 했다. 성공 법칙 중의 하나로 '줄 돈을 제 때 잘 주는 업체가 성공한다' 는 진리를 증명하는 업체다.

　제 때 줄 돈을 잘 주려면 받을 돈을 잘 받아야 가능하다. 그러자면 관리가 선행되어야 하는데 가급적 부실한 업체나 약속을 잘 지키지 않는 업체와는 거래하지 않는 것이다.

　혹시라도 수금에 차질이 생기면 악착같이 받아낸다. S사 대표의 일화 가운데 특히 기억에 남는 것이 있다. 수금이 잘 안되는 업체는 호주머니에 담배 두갑을 넣고 찾아가서 돈을 전부 받을 때까지 줄담배를 태운다는 것이다.

이 두 개 업체는 창업 당시 나름대로 가공업체로서 물량도 어느 정도 사용했고 특히 결제가 양호했다. 이 두 업체를 거래하면서 영업이 한결 수월해졌다. 누군가가 "어느 업체와 거래를 하고 있느냐?"고 물을 때 많이 알려져 있는 두 곳과 거래한다고 하면 먼저 제품에 대한 신뢰부터 확보하게 된다. 일단 먼저 공략할 업체가 정해지면 거래가 될 때까지 시도하라. 반드시 성공한다. 성공하는 업체의 공통점은 남에게 줄 돈을 제 때 잘 주는 업체들이다. 돈을 잘 주는 것은 그들의 업체도 관리를 잘해야 가능하다.

여성의 공감능력에 집중하라

IMF는 '금모으기 운동'과 김대중 대통령의 부동산 정책으로 빠르게 탈피할 수 있었다. 아파트 분양시장이 원가연동제에서 분양가 자율화로 바뀌자 건설사들은 아파트의 내부 인테리어에 치중했다.

나는 향후에 아파트가 고급화 될 것을 예견했다. 주방의 상판은 멜라민 상판에서 인조석으로 변환을 시작했다. 샤쉬는 화이트 색상에서 표면에 나무 무늬 데코시트를 입히는 쪽으로 변했다. 도미노현상이 일어났다. 먼저 1군 건설사가 모델하우스에 반영하더니 시간이 지나면서 2~3군 건설사로 확산되었다. 주공(지금의 LH)도 변하기 시작했다.

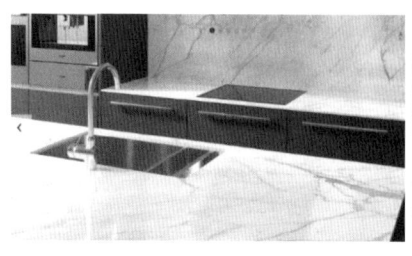 

㊧ 포세린 소재로 주방 상판 및 주방벽체 설치 사례
㊨ 가구 및 인테리어보드

인원을 충원하고 K직원을 영업으로 전진배치했다. K직원은 애초에 경리 업무를 원했기 때문에 완강히 거부했다. 다행히 설득 끝에 경리직원을 별도로 채용하고 영업부서로 자리를 이동했다. 우리 업계 최초로 영업의 홍일점이 된 것이다.

당시에는 여성이 영업을 한다는 것은 상상할 수 없었다. 영업은 남성의 전유물이었다. 어쩌다 K직원과 동행하여 거래처 사장을 만나기도 했는데 어리둥절한 표정을 짓기도 했다. 지금이야 직종 불문하고 여성이 직함이 있고 명함도 가지고 영업도 많이 한다. 하지만 당시에는 여성의 사회적 진출이나 위상이 남성의 그늘에 가리워져 빛을 못보던 시절이었다.

사업가로서 지난 세월을 돌아보면 여성의 잠재 역량에 관심을 둔 것은 참으로 잘한 선택이었다. 남자든 여자든 굳이 차별을 둔다면 육체적으로 힘든 일은 여성에게 적합하지 않지만 나머지는 차별을 두는 것 자체가 모순이다.

유독 우리 회사에 여성의 비중이 높은 것도 이런 나의 가치관 때문일 수도 있다. 여성들의 강점은 뛰어난 공감 능력과 강한 모성애이다. 개인적으로 남성이 여성보다 우월한 대접을 받던 유교시절은 막을 내리고 다양한 직종에서 여성들이 두각을 나타낼 것 같다. 어쨌든 누가 뭐래도 여성해방운동에 작은 기여를 한 것만은 분명하다.

남성과 여성은 왜 차이가 있을까? 누군가가 말했다. 원시 시대 때 남자는 눈만 뜨면 사냥을 하기 위해 나선다. 사냥 자체가 위험하고 긴장해야 되기 때문에 남성들은 전투적이다. 반면에 여성들은 동굴 안에서 애기도 키우고 이웃과 협력하여 가사 일을 한다. 그렇다보니 여성들이 남성보다 공감 능력에 있어 탁월한 DNA가 있는 것 같다.

줄탁동시

'줄탁동시'는 내가 좋아하는 사자성어다. 병아리가 알을 깨고 나올 때까지 어미닭은 계속 쪼아 준다. 알에서 쉽게 나오도록 거들어 주는 것이다. 세상 이치가 그렇다.

병아리가 알을 뚫고 나오려면 병아리 스스로의 의지가 중요하다. 즉, 병아리 자신의 95% 의지와 어미닭의 5% 도움이 합하여 병아리는 쉽게 알을 깨고 나올 수 있다고 생각한다.

살아가는 데 있어 스스로 목표를 세우고 간절함이 있을 때 누군가 거들 수 있으면 최고의 조합인 것이다.

생각해 보면 '줄탁동시'의 관계라고 할 수 있는 것이 많다. 스승과 제자의 관계, 부모와 자식의 관계, 사장과 직원의 관계, 선배와 후배의 관계 등등 … 모두가 '줄탁동시'의 관계다.

나의 경우 사람을 키울 때 조금만 거들어 준다. 답답하더라도 대부분 직원이 스스로 하도록 한다. 인내하지 못하고 대신하게 되면 직원은 성장하지 못한다. 가급적이면 넘어지고 자빠지고 실수하더라도 스스로 할 수 있게 하라. 동물들도 새끼들에게 처음에만 먹이를 물어다 준다. 조금 지난 후에는 스스로 먹이 사냥을 하도록 거든다. 줄탁동시는 이런 것이다.

성공하는 사람들의 공통점을 찾아보면 이런 '줄탁동시'의 인연들이 많았던 것 같다. 나의 경우도 오늘의 나를 있게 한 '줄탁동시'의 어미닭 역할을 해주신 수많은 분들이 있다. 병아리가 알을 깨고 나올려고 할 때 어미닭이 쪼아주듯…

충성고객이 영업을 대신한다

직장생활을 할 때 알던 일식집에 J주방장이 있었다. 주방장 앞의 카운터에 앉아 먹을 때는 덤으로 회를 많이 썰어 주었다. J주방장은 뱅뱅사거리 인근에 일식집을 개업하여 매일 오후 시간이면 회사로 전화를 걸어 "형님! 오늘 좋은 횟감 들어왔으니 저녁 약속 있으면 이리로 모시고 오세요"라며 식당 영업을 했다.

J사장은 내가 모시고 간 손님에게 깍듯하게 대하여 내 체면을 살려주고 덤으로 썰어 주는 회로 배를 넉넉하게 채워주었다. 또한 식사가 끝나고 자리에서 일어나면 회초밥과 해장국거리를 포장해 주었다. 한마디로 처음부터 끝까지 최고의 대접을 받았다고 느끼게 했다.

　　고객은 제대로 대우를 받았다고 생각되면 반드시 재 방문을 한다. 한마디로 충성고객이 된다. J사장은 한번 방문한 손님에게 반드시 명함을 받아 명함 정리하는 알바생을 통해 명부를 만들고 날마다 전화로 안부를 전했다.그랬더니 한번 방문한 사람은 모두가 충성고객이 되었다. 시간이 지날수록 고객의 수는 늘어났고 마침내 지하다방까지 확장하게 되었다. 한명 한명의 고객을 지극정성으로 대하자 단골이자 충성고객이 되었다. 더욱 놀라운 것은 충성고객이 영업사원이 되어 새로운 고객을 끌고 왔다. 나날이 번성할 수밖에 없었다.

　　J사장은 내가 창업했을 때 금전적으로 어려움이 있음을 알고 "형님, 돈도 없을텐데 … 손님 접대할 일이 있으면 이곳으로 모시고 오세요."라고 했다. 참 고마운 제안이었다. 외상으로 먹을 수 있는 단골집이 생긴 것이다. 내가 이용한 횟수보다 우리 직원이 외상으로 먹은 횟수가 더 많았다. 형편이 넉넉지 않아 1년 반 정도 지나서 외상값을 갚으려니 J사장은 받지 않겠다고 했지만 신세를 진 만큼 갚는 게 내 마음이 더 편했다.

　　J사장은 배운 건 없고 무작정 시골에서 상경하니 배는 고프고 잘

먹기 위해 일자리를 구한 것이 일식집이었다. 설움을 견디고 주방장의 자리까지 올라갔고 손님 중에 은행 지점장을 만나 그분의 도움으로 일식집을 개업하게 된 것이다.

J사장은 손님을 귀하게 대하면 돈은 저절로 들어온다고 믿었다. 매우 단순한 원리다.

성공의 비결은 교과서에 있는 것이 아니다. 영업은 거창한 것이 아니고 손님을 기억해 주는 것만으로 충성 고객이 되었던 것이다. 그랬더니 충성고객이 신규고객을 끌고 왔다.

방목경영의 힘

누군가가 나에게 물었다.
"대표님은 회사 경영을 어떻게 하십니까?"
좀 당황스러웠지만 잠시 생각하다 내 나름의 생각을 전했다.
"제가 별다른 재주가 있겠어요. 다만 사장으로서 솥단지 하나 걸어 둔 것밖에 없습니다. 특별히 무슨 말을 하지 않아도 알아서들 합니다. 굳이 무슨 경영이냐고 딱 잡아 말하면 '방목경영' 이라고 해야겠네요." (웃음)

방목경영이란 용어는 내가 써본 표현이다. 계란도 방목한 닭이 낳은 유정란이 영양이 많다고 하는데 사람을 틀에 가둬 일을 시키면

능률이 오르겠는가?

　감시를 해야 일의 능률이 오르는 것이 아니다. 직장은 여러 사람이 한곳에 모여 근무하는 곳이다. 방목한다고 하면 일보다 노는 데 치우칠 것 같지만 노는 것도 눈치가 보인다. 물론 기본 상식도 없는 사람들이 분명히 존재한다. 그렇다고 꼭 출퇴근 시간이 명확하고 출근부가 있어야 할까? 나의 생각은 다르다.

　방목은 곧 자율이다. 자율이라고 해서 제멋대로 행동하는 것은 아니다. 책임이 따르는 자율이기 때문이다. 선택과 결정도 책임을 전제로 하면 된다. 혼자 결정하기 어려울 때 상의하면 된다. 방목으로 인해 가끔씩 사고도 치고 회사에 피해도 입힐 수도 있다. 하지만 일부러 사고낼려고 하지는 않았을 것이다.

　방목하되 명확한 미션만은 부여해야 한다. 방목이 역설적으로 건강한 직원을 육성한다. 사람마다 얼굴생김새가 다르듯 일하는 방식도 다르다. 방목경영이 창의적인 사고를 만들고 책임감을 키워준다. 틀에 가두고 시키는 일만 하게 되면 심부름꾼만 양성하게 될 것이다.

자기 인생을 명작으로 그려라

인생은 B(Birth 탄생)와 D(Death 죽음)사이에 C(Choice 선택)가 있다. 즉 인생은 태어나서 죽을 때까지 선택의 연속이다. 인생은 백지 위에 하나씩 채워가는 과정이다. 무엇을 하든 후회없는 삶으로 자기 인생을 최고의 명작으로 만들어라.

경제적인 성공보다 가족이 우선이다

살아보니 경제적인 성공보다 가족의 건강과 행복이 최우선이다.
누구나 한번쯤 자기 인생을 되돌아 보고 다시 원점으로 되돌아 갈 수만 있다면 하는 아쉬움이 들 때가 있다.
나의 경우도 과거를 뒤돌아 보니 아쉬운 점이 많다. 특히 직장일과 사업을 핑계로 가족과 함께 한 시간이 부족했던 것 같다. 그러다 보니 가사일은 아내가 도맡아 하고 두 아들과도 함께 놀아 준 기억이 별로 없다. 그런 사이에 두 아들은 성인이 되었고 서먹서먹한 사이가 되었다. 대부분의 사람들이 직장일과 사업을 핑계로 가족을 등한시 할 수 있다. 혹시라도 그렇게 하여 직장에서 성공하고 사업에서 성공한들 무슨 소용이 있겠는가?

경쟁에서 살아남기 위해 너무 전투적인 삶을 살아 온 것 같다. 상대 입장에서 소통하는 스킬이 많이 부족하다. 그런 나에게 아내는 늘 불만이다. 하지만 돌아서면 후회하면서도 잘 고쳐지지 않는다.

우리는 어쩌면 이기는 것에만 에너지를 쓰고 있는 지 모른다. 지는 것이 바보처럼 보인다는 생각을 할 수 있다. 지금부터라도 져주는 삶을 살아야겠다. 물론 쉬운 일은 아니라고 생각된다. 져주는 것도 연습이 필요할 것 같다. 경제적인 성공도 튼튼한 가정과 화목한 가족관계를 전제로 할 때 진정한 성공이라 할 수 있을 것이다.

최고의 은퇴설계는 은퇴하지 않는 것이다

최고의 은퇴설계는 은퇴를 안하는 것이다. 은퇴설계란 무엇이고 어떻게 해야 하나? 한번씩 의문을 제기한다. 먹고 살 돈만 있으면 되는 걸까? 또한 돈이 얼마나 필요한가? 정답은 없겠지만 내가 생각하는 은퇴설계는 은퇴하지 않는 게 최고의 은퇴설계라고 생각한다.

은퇴하고 무엇을 할 것인가? 정말 하고 싶은 일이 있으면 준비를 잘해서 하면 된다. 은퇴는 일을 떠나 죽을 때까지 하는 일 없이 지내라는 것은 아닐 것이다.

유엔에서 연령대를 새롭게 구분한 것이 흥미롭다. 0~17세 미성년자, 18~65세 청년, 66~79세 중년, 80~99세 노년 100세 이상 장수노인으로 구분하고 있다. 이런 기준이라면 적어도 79세까지는 중년인 만큼 왕성하게 사회 활동을 해야 할 것 같다. 그런데 우리 사회도 초고령사회로 진입하면서 정년퇴직 후 살아 갈 날이 많게 되었다. 인생설계를 다시 하지 않으면 큰 낭패를 당할 수도 있다.

특히 일도 없고 소득도 없고 건강하지 않으면 최악이다. 반면에 건강하고 일하면서 소득도 생긴다면 최상이다 할 것이다. 하고싶은 일을 하면서 소득도 생기고 가치도 만들 수 있어야 한다. 내 주변에 사업하시는 분들이 많다. 성공한 분들일수록 계속 현업에 몸담고 계신다. 열정이나 건강한 모습을 볼 때 청년 못지 않다.

나이가 은퇴의 기준일 수 없을 것 같다. 평생 현역으로 잘하는 분야에서 건강하게 일할 수 있는 삶이 최고라고 생각한다. 은퇴설계! 은퇴 안하는 게 최고의 은퇴설계일지 모른다!

인생에 있어 연습은 없다

인생이 한번 살아보고 다시 처음부터 살 수만 있다면 두 번째 인생은 처음보다 훨씬 나은 삶이 될 것이다. 그런데 아쉽게도 인생에서 두 번은 없다. 한번뿐인 인생이기 때문에 가치있는 삶을 살아야 한다. 인생은 백지 위에 자기가 그리는 그림대로 살게 되는데 어떻게 살아야 잘 사는 것일까?

누구나 원하는 것을 할 때 행복하다.

자기가 좋아 하는 일을 하는 게 중요하고 그 일로 많은 사람에게 가치를 제공할 수 있어야 한다. 더불어 소득까지 생길 수 있게 비즈니스화 시키면 괜찮은 삶이 될 것이다.

송해 선생님이 그랬고 최불암 선생님도 그런 것 같다. 건강전도사 이시형 박사도 90세인데도 왕성하게 활동하신다. 또한 투자의 귀재 워런 버핏도 93세의 나이에도 불구하고 활동하고 계신다.

축구를 좋아하는 손흥민 선수도 그런 삶일 수 있다. 모두가 좋아하는 일로 많은 사람에게 가치를 제공하고 소득도 얻는 삶, 얼마나 멋진 인생인가.

돈이 목적이 되어서는 안된다. 자기가 하고 싶은 일을 하면서 돈은 부수적으로 따라오는 삶이 행복한 삶이다.

인생에서 연습이 없다. 어떤 인생을 살든 각자의 몫이다. 한번뿐인 인생이다. 또한 어영부영 하다가 순식간에 지나가고 만다. 자기가 잘할 수 있고 재미있는 일을 통해 가치를 제공하고 부수적으로 소득이 생기는 삶을 살기를 바란다.

기업가 정신

　세상을 살아감에 있어 어느 길을 가든지 나름의 의미가 있다고 본다. 다만 그 직분에 맞게 살아가는 게 최선이고 아름답게 보일 것이다. 즉 목사님은 성직자답게 살아야 되고 기업가는 기업가답게, 선생님은 스승답게, 학생은 학생답게 … 이처럼 각자의 영역에서 '~답게' 살아가면 되는 것이다. 각자의 영역과 직분에 맞지 않게 살아간다면 비난의 대상이 되기도 하고 불행해 질 수도 있다.

　모든 영역이 전부 나름의 사명감과 가치가 있겠지만 특별히 '정신'이 요구되는 직종이 기업가와 군인인 것 같다. 그래서 기업인에게는 기업가 정신이 필요하고 군인에게는 군인정신이 요구된다.

　왜 하필이면 기업가와 군인에게 '정신'이 따라 붙을까? 이것은 아마도 생사의 갈림길에서 살아 남기 위해서 요구되는 사명감이 더 절실하기 때문일 것이다. 기업가든 군인이든 한순간에 망할 수도 있고 죽을 수도 있다. 그래서 그 어떠한 불확실한 환경과 위험도 기꺼이 극복할 수 있는 담대함과 용기가 필요하다.

　내 주변에 철강사업을 하시는 Y회장님은 시장을 보는 안목이 남다르다. 특히 시장의 기회와 위험을 잘 감지하여 기회가 올 때 큰 돈을 번다. 철강수요가 공급대비 부족하고 가격이 오를 때 많은 물량을 확보하는 통찰력이 돋보였다.

　또한 베이커리 사업을 하는 B대표는 모두가 불황이라고 힘들어

할 때 과감하게 공장증설이라는 대담한 투자를 결정했다.

시장에는 항시 위험과 기회가 상존한다. 성공하는 기업가의 공통점은 위험을 회피하고 기회를 찾는다. 기업가 정신은 불확실한 모든 환경을 극복하고 끊임없이 도전하는 담대한 정신이다.

기러기의 리더십

내 이름이 정대홍이다. 할아버지께서 지어주신 이름이다. 대(큰 大) 홍(기러기 鴻)으로 큰 기러기처럼 살아라고 한 의미인 것 같다.

Tom Worsham의 기러기의 리더십의 글을 공유한다. 먹이와 따뜻한 곳을 찾아 떠나는 4만km의 여행, 기러기는 리더를 중심으로 V자를 그리며 먼 여행을 떠난다. 앞선 리더의 날개짓은 바람에 양력을 만들어 뒤에 있는 동료들이 쉽게 날 수 있도록 도와준다. 그들은 끊임없이 커다란 울음소리를 내며 동료들이 지치거나 포기하지 않고 긴 여행을 마칠 수 있도록 서로를 격려하고 응원한다. 만약 누군가 다치거나 지쳐서 대열에서 이탈하면 다른 두 마리도 여행을 멈추고 동료가 회복될 때까지 지켜준다. 때론 동료가 죽음으로 생을 마감하면 무리로 돌아와 다시 여행을 떠난다. 세상은 누군가와 함께 가는 여행이다. 여러분과 함께 할 동료는 누구인가? 인생은 더불어 살아가는 것이다. 아름다운 동행으로 멋있는 인생을 살아가길 바란다.

Epilogue

얼떨결에 작가(?)가 되어 지난날의 이야기를 짧게나마 지면에 옮길 수 있는 기회를 가졌다. 글을 쓴다는 것 자체가 두렵고 막막했는데 둘째 아들이 핸드폰에 google docs를 깔아주었다. 덕분에 서툰 컴퓨터나 원고지를 사용하지 않고 구글 문서에 문자 보내듯 핸드폰으로 글을 쓴 것이다. 아마도 핸드폰으로 책을 쓴 최초의 작가일지 모른다.

세월이 주마등처럼 스쳐 지나갔다. 살아오는 동안 수많은 인연들이 있었다. 이만큼 있기까지 내가 가진 것 5에 나머지 95개는 주변의 소중한 분들이 채워주었기에 가능했다. 분에 넘치게 과분한 도움도 받았다. 매우 감사한 마음이다. 기회가 된다면 책에 소개된 소중한 분들에게도 짠한 인생스토리를 책으로 남기도록 권해야겠다.

창업 이후 항상 벼랑끝에 서 있다는 절박한 심정으로 살아왔다. 사업을 핑계로 가족들과 함께하지 못한 시간들이 많았다. 이제는 가끔씩 쉼이 있는 삶을 살았으면 한다. 아내의 헌신과 희생에 감사하고 두 아들녀석이 자극(?)받아 더 멋진 책쓰기를 생활화했으면 하는 바램이다. 또한 오랜시간 동고동락을 함께 한 직장동료들에게도 감사한 마음을 전한다.

CEO의 책상

Part 5.
공학도가 찾은 미래
축산업으로 세상을 꿈꾼다

권상재

전자통신공학을 전공하고 전혀 다른 분야인 축산업에서 사회 생활을 시작했다. 10여년의 직장 생활을 하며 사원으로 시작, 임원 생활까지 해보았으며 창업하여 연매출 100억원을 달성하여 보았다. 스스로의 잘못된 판단으로 운영하던 회사가 폐업을 하였고 가족의 생계라는 가장 중요한 숙제를 해결하기 위하여 바닥에서부터 다시 노력하였고 주변 지인들의 도움으로 지금은 다시 제조 공장을 운영하고 있다. 다시 사업을 시작하고 일정한 규모를 갖추어 감에 만나는 사람이 바뀌었고 지금은 훌륭한 멘토들의 도움으로 희망찬 미래를 꿈꾸고 있다. 지금의 노력이 앞으로도 변함없이 꾸준하길 원하며, 10년 후 오늘이 되었을 때, '좀더 노력할걸' 하는 후회를 남기고 싶지 않다.

축산업에 뛰어든 공학도

IMF 초반, 일반 4년제 대학교 전자통신공학과를 졸업하였다. 공부를 지속 하고 싶었고 대학원 합격 통보를 받았다. 입학금을 내야 하는 등록 마지막 날 입학금이 모자란다는 연락을 받았다. 합격이 취소 되고 후보 1번에게 합격 통지가 갔다는 연락을 받았다. 남을 가르치는 일을 하고 싶었고, 교사인 아버지의 뒤를 이어 교직의 꿈을 꾸고 있던 나에게 공부는 연이 아니었나 보다.

공부는 내 길이 아닌가 보다 생각하고 일자리를 찾았고 친척이 운영하시던 축산물 관련 회사에 입사하게 되었다. 전공과는 전혀 무관한 그 시기 가장 인기있다던 전자, 통신 관련 학과를 졸업했지만, 돈에 좀 한이 맺혀 돈을 벌어 보고 싶은 생각이 강하게 남아 있어서, 돈 잘 버는 친척에게 사업을 배우려 입사했었던 것 같다. (대학 동기들은 삼성 전자 연구원, LG 전자 연구원에서 지금도 일을 하고 있다.) 축산물 관련 업무는 당시 분위기상 약간의 천시 받는 분야의 일로 대졸자는 많지 않았고 실제 일하시던 분들도 거친 분들이 많았다. 질문 하나만 해도, "칼도 안 잡아본 놈이 뭘 알겠어"라며, 대화조차 싫어하셨다. 실무를 모르고 현장을 모른다는 이유로 대화를 하지 않으려 하셔서, 주간에는 생산 현장에서 같이 일을 하여 익히고 야간에는 서류 업무, 주말에는 회사 직영 판매점 일을 배웠다.

당시 근무하던 회사는 축산물 관련 회사로는 상당히 큰 규모의 회사였다. 매출 규모 면으로 전국 다섯 손가락 안에 꼽히던 회사였지만 내부를 자세히 보면 참 엉망이었다는 생각이 든다.

제품을 생산하면서 정확한 원가 계산을 하지 않고 판매가는 담당자들의 감에 의해 결정이 되며, 영업팀은 거의 접대와 친분으로 계약을 따내는, 데이터도 숫자도 모든 걸 무시하고 진행되는 회사의 업무, 담당자가 빠지면 업무 진행이 불가능한 상황이 너무 심각했다. 업무를 진행하는 과정에서 많은 어려움을 느낀 나는 어쩔 수 없이 회사의 모든 부분을 혼자 수치화, 데이터화 하기 시작했다.

회사를 위해 꼭 필요한 부분이라 생각했고, 대기업에 근무하던 선배와 친구들에게 물어보니 무조건 해야 하는 부분이라는 것이 공통적인 지적이었다.

회사에서 판매하는 약 300여 제품들의 원가와 로스율을 계산하기 위해 상급자들께 질문하였지만, 눈도 마주쳐 주지 않고 자신들이 구축한 영역에 새로운 인물이 들어오길 원치 않는 직원들 덕분에, 현장에서 일을 하며 스스로 데이터를 쌓아야 했다. 주간에 현장에서 확보한 수치를 야간에 데이터화 하며, 1년 이상이라는 시간을 현장에서 함께 보내고서야 그들의 인정을 받았고, 그들만의 울타리로 들어갈 수 있었다. 원하는 데이터 이상의 현장 분들의 노하우도 추가로 얻을 수 있었다.

공대를 나와서 경영쪽은 아무것도 모르는 상황에서 또다시 1년여에 걸쳐 원가 관련 서적, 경리 실무, 회계 관련 서적, 기업 경영 서적들을 사서 읽고, 업무에 적용하며 일을 하였다.

어느 정도 시간이 지나고 경험치가 쌓이면서 회사 경영에 관하여 조금씩 이해할 수 있게 되었다. 요즘처럼 유튜브나 인터넷 강의 등을 들을 수 있었다면, 수월하게 배울 수 있었겠지만, 당시 이해가 되지 않는 전문서적을 읽으며 경영학과, 통계학과 졸업한 동창들을 찾아가 물어가며 배웠던 그 시간은 지금도 기억에서 잊혀지지 않는다. 물론 새로운 분야를 배우고 개척했다는 성취욕을 느끼던 시간으로 지금도 남아 있다.

근무한 지 2년여 지날 때부터 현장 업무와 서류, 숫자를 같이 관리하는 나의 의견을 무시할 수 있는 사람은 아무도 없었으며 야간, 주말, 휴일을 반납하며 일하던 3년이라는 시간은 정시 출퇴근 하던 직원과 비교하면 약 3배에 달하는 시간 투자였기에 나의 업무력은 빠르게 올라갔고 빠른 진급과 급여 상승이 뒤따랐다.

사원에서 임원까지

3년 정도가 지나자 약간의 매너리즘에 빠졌고, 관리자로서의 업무 능력은 충분히 인정받았지만, 관리력만으로는 결코 회사를 먹여 살릴 수 없다는 생각이 들었다.

아무리 좋은 제품을 갖고 있더라도 팔지 못하면 회사는 망하게 된다는 생각이 들었고 영업에 관심을 갖게 되었다. 회사 내에서 늘 만나는 사람들이 아닌 새로운 사람을 만나 어떤 것이든 팔 수 있는 능력이 나에게 있을까 하는 생각은 끊임없이 나를 괴롭혔다. 물론 그 시기는 영업이라는 부분에 대한 사람들의 인식이 아주 좋지 않은 시기이기도 하였다. 간, 쓸개를 다 빼주면서 비굴하게 물건을 판다는 '인식'이지 않았을까?

나의 생각으로는 회사의 조직 중 구매팀, 관리팀, 생산팀, 기획팀 등은 돈을 쓰는 조직이라는 생각이 들었다. 기왕 써야 하는 돈을 가능한 적게, 효율적으로 쓸 방법을 고민하는 부서였고 영업팀은 적게 벌든 많이 벌든 어떻게든 벌어야 한다는 개념을 가진 조직이었다. 부서의 개념 자체가 틀리다는 생각을 가졌다.

회사의 가장 큰 영업자는 대표이사이며 나 역시 회사에 돈을 벌어 '이만큼 벌었다. 회사에 도움이 되었다.' 큰소리치고 싶은 욕심이 생겨 영업팀으로 이전을 요청했다.

　이후 약 2년 동안 삼성, 롯데, 신세계 등 대한민국 내 유수 대기업의 협력 업체 등록과 20군데가 넘는 직영 점포 Open 등 직장 생활 중 영업 및 신규사업 활동 경험은 지금까지 내 회사 운영의 기반이 되고 있다.

　영업이 가능한 부분은 결국 돈을 벌 능력이 있고 신제품 개발 능력과 영업, 관리 능력까지 갖춘 나는 자신감 있게 회사를 옮기게 되었다.

　'가족과는 함께 일하는 게 아니다. 결국 끝은 별로 좋질 못하다.'

　이직한 회사는 전에 일하던 회사의 약 절반 정도만 일해도 좋은 실적과 결과가 나왔다. 일단 회사의 규모가 더 컸고 회사의 운영 시스템이 잘 되어 있었다. 밤샘 근무와 주말 반납 근무가 아닌, 일정부분의 연장 업무만으로도 열심히 일한다고 인정받았고 시스템이 갖추어진 회사이다 보니 조금의 노력만으로도 성과가 나타났다.

　개인적으로는 토요일 오후부터 일요일까지 편히 쉴 수 있는 것으로도 직장생활 할만 하다라고 느꼈다. 실적이 좋고 평판이 좋다보니 스카웃 제의가 많이 들어왔다. 지금 생각해 보면 어깨 힘이 꽤나 들어가 있던 시절이었다. 이 시기가 직장인으로서 최고의 주가를 올리던 30대 중반이었다.

몇 년 후 한번 더 이직해 연매출 300억원 직원수 50인 정도 근무하는 회사의 임원이 되었다. 개인 차량과 법인카드, 개인 사무실이 따로 있는 임원이 되고서 뒤를 돌아보니, 내가 능력있고 똑똑한 사람이라기보다는 다른 사람들보다 일에 많은 시간을 투자했기 때문에 결과가 좋았다는 걸 알게 되었다.

사람의 능력이라는 건 종이 한 장 차이이며, 얼마나 많은 시간을 투자해 노력하는가가 그 사람의 실력과 가치를 올려준다. 하지만 그냥 내가 잘난 줄 알았다.

회사의 임원 생활은 길게 하지 못하였다. 내가 맡은 사업부의 매출이 갈수록 떨어졌다. 축산업 분야에서 아주 무섭게 여겨지는 '구제역'이라는 질병으로 전국이 떠들썩했고 이는 원가 상승과 매출 부진으로 이어졌다. 회사의 대표는 충분히 고민한 후 사업부를 정리하셨다.

만약 임원 생활을 좀 더 오래 했었으면 좋았겠다는 생각이 든다. 대표 이사를 대신해 회사의 경영과 인력 운영, 신규 사업의 추진과 결과 도출 등을 전방위로 배우고 경험할 수 있는 기회였지만, 그 기회를 살릴 정도의 능력이 나에게 없었던 것 같다.

안좋게 말하자면, 회사 돈으로 많은 경험을 할 수 있었으며, 좋지 않은 결과가 나오더라도 내 돈을 잃지 않는 그런 좋은 기회를 스스로 살리지 못하였다.

기업인의 삶을 시작하다

유통사업은 저 자본으로 가능하다

　10여년의 직장 생활 후 30대 후반, 자본금 5천만 원으로 '좋은 가족'이라는 의미의 법인을 설립하였다. 혼자서 구매, 영업, 판매, 납품을 하는 1인 기업이었다. 혼자의 힘으로 밥 벌어먹기가 참 어려웠다. 신규 업체에게 쉽게 허락해 주지 않는 기존 시장, 직장 생활을 할 때 나에게 큰 힘이 되어 주었던 '규모 있는 회사, 시스템'이라는 테두리가 없어졌고, 홀로서기 한 이후로 처음 느껴보는 미약한 1인 기업가의 한계, 성사된 계약이라 할지라도 판매하기 위한, 원료 구입대금 부족 등 너무나도 많은 문제가 있었다.
　무슨 배짱이 그리 좋았을까? 무작정 '할 수 있을 거야'라는 어이없는 믿음과 희망만으로 시작한 사업이지 않았을까? 회사의 임원으로 대우 받다가 회사에서 사업부 폐쇄를 겪고 부족함과 부끄러움에 더 이상 다른 직장도 알아 보지 못하고 자존심은 굽히기 싫고, 능력

없는 사람이라는 다른 이의 시선을 두려워하며, 나만의 아집에 사로잡혀 준비하지 못하고 사업자를 내었던 최악의 결과였다.

그래도 열심히 일하던 노력과 신뢰성은 인정을 받았는지 예전 영업을 담당했던, 농·축협에서 계약해 주겠다는 연락이 왔다. "사업자 냈다는 얘기를 들었고 납품 할 수 있게 길을 열어주겠다."고 하셨다.

기반이 없는 1인 사업가로 제조 공장을 운영할 여력이 전혀 되지 않던 나는, 다른 회사의 제품을 매입하여 농협 하나로마트에 납품하는 유통업을 시작하기로 결정했고 원료를 납품해 줄 업체를 찾아다녔다.

전 직장에서 근무할 때 나의 경쟁사 제품이 더 우수하다고 생각하던 나는, 그 경쟁회사 대표님을 찾아 뵙고 제품을 공급해 달라 요청드렸다. 당연히 거절 당했다. 계속 경쟁하며 괴롭히던 놈에게 물건을 주시고 싶었을 리가 없었을 거다.

거절 사유는 신생 회사이며, 자본이 없다는 이유가 가장 컸다. 사람이 성실하고 정직한 건 알지만, 사람이 아니라 항상 돈이 힘들게 한다는 말씀을 하셨다. 지금도 그 당시 해주셨던 이 말씀은 진리라고 생각한다. 결국 원료를 구입하지 못하여 포기해야 하나 걱정하고 있을 때, 전혀 생각지 못한 곳에서 해결책이 나왔다.

대기업 납품 협력사 회의 때마다 나랑 가장 많이 설전을 벌이고 싸우던 그 회사의 영업팀장이 제품을 공급해 주자고 주장하였다. 힘든 거 알고 있다고 물건 줄테니 팔아서 돈 갚으라고, 최소한 신뢰를 어길 사람은 아니니 자신이 보증을 서겠다며 그 회사 대표님을 설득했다. (당시 영업팀장은 지금, 근무하던 회사의 경영 대표이사가 되어 아직 충실히 그 역할을 하고 계시며. 나에게는 큰 은혜를 배풀어 주신 분이다.) 물론 회사가 폐업되던 그 순간까지 나에게 물건을 납품한 회사들 돈은 떼어먹은 적이 없다. 돈이 없을 때는 타고 다니던 차라도 주고 변상했다.

외상으로 제품을 가지고 와서 납품하고 납품 대금이 들어오면 나중에 돈을 주는 자본을 최소한으로 사용하는 유통 사업이 그렇게 시작되었다.

직장 생활을 하던 중 기획, 경리, 회계, 생산, 물류, 영업 전부 다 해봤지만 지금도 가장 잘했다고 생각되는 업무는 영업이다. 직장 생활 하던 중 가장 좋아하기도, 싫어하기도 했던 일이다. 중소기업의 특성상 늘 새로운 사람을 만나고 새로운 제품을 스스로 기획해야 했고 생산팀과 협력하여 원가 결정을 해야 했으며 단 십원을 벌더라도 팔아서 이익을 남겨야 했다.

대한민국 한우는 몇 백만두가 넘고 돼지의 일일 도축량은 약 3만두가 된다. 그 많은 업체들이 똑같은 물건과 비슷한 가격으로 치열하게 싸움을 하고 있다. 전국적으로 경매 시세라는 것이 매일 매일 인터넷에 공개되고 있어 가격이 오픈 되어 있고, 각 회사마다 특징을 홍보는 하고 있지만, 축산업을 하는 사람에게 있어서 같은 등급의 고기는 특별한 차이점을 느끼지 못한다. 결국 비슷비슷한 상품을 같은 가격에 구매해서 똑같은 시장 내에서 경쟁해야 한다는 말이다.

규모가 큰 회사에 근무를 한다면 규모의 경제원리에 의해 자연스럽게 원가는 인하되고 가격 경쟁력과 제품력은 있겠으나 중소기업의 현실은 그러하지 못했다. 치열한 경쟁 속에서 살아남기 위해서는 다른 이는 할 수 없는 나만의 숨겨진 무기가 있어야 매출과 이익을 늘릴 수 있는 것이다.

제품을 납품하는 농·축협은 다수의 협력사와 동시 거래를 한다. 그것도 작은 업체가 아닌 일정 규모 이상의 큰 협력사를 둔다. 그 속에서 새로 설립된 1인 기업가가 살아 남기는 참 힘든 부분이었다.

계약한 곳들을 몇 달간 숱하게 방문하였다. 그 당시 일반적인 가정의 소비는 주로 주말에 대형 마트로 집중되었다. 주말이 되면 각 가정에서 롯데마트, 이마트 같은 대형마트로 쇼핑 겸 주말 문화생활을 누리는 형태의 소비 패턴이 정착되어 있었다. 납품 계약을 한 농, 축협 하나로마트도 예외는 아니었다. 주말만 되면 손님들이 넘쳐났다. 각 마트를 책임지고 있는 점장과 각 코너를 맡고 있는 팀장들은 항상 매출 목표와 이익 목표를 달성하기 위해 고군분투했다.

냉장 축산물이라는 특성은 공산품과는 달라서 항상 판매 가능한 적정 재고만 가지고 있어야 한다. 오래되면 제품력도 떨어지고 상해서 판매를 하지도 못한다. 하지만 주말 쇼핑이라는 특성을 가지고 있던 우리 나라의 쇼핑 패턴에 의해 주말이 되면 반드시 냉장 제품 중 일부는 매진이 될 수밖에 없었다. 아무리 예측을 잘하고, 아무리 재고 관리를 해도 사람인 이상 어쩔 수 없는 부분이다.

나는 그 점을 주목했다. 애초에 점포를 방문할 때 주말에 제품이 모자라면 무조건 달려 올테니 전화 달라 하였다. 다른 회사들은 주말에 직원들이 쉬지만 나는 사장이다. 밥 벌어 먹어야 하는데, 주말이 어디 있는가?

주말에 결품이 생기는 일은 꽤나 잦았고, 주말이 되면 어김 없이 각 마트에서 긴급 주문 전화가 왔다. 결혼한 지 얼마 되지 않는 신혼이라 아내에게 미안하긴 했지만, 매주 주말을 반납하고 열심히 일을 하였다. 주말 납품이 반복되다 보니 각 점포 팀장들이 마음의 문을 열어 주었다. 작은 회사라 쳐다볼 생각도 없었다는데, 쉬는 날 납품해 줘서 고맙다고, 평일에도 주문을 하기 시작했다.

평일, 주말 다 바쁘게 살았다. 결국은 사람이 하는 일이다. 노력하고 발품 팔고, 시간 투자 하는 사람에게는 기회가 온다. 덕분에 직원도 늘고 매출도 폭발적으로 늘었다. 법인 설립 2년 차가 되던 해에 연 60억원 매출을 넘기고, 안정적으로 사업이 확대 되었다.

세일즈는 성장의 기본이다

　각 기업의 팀장들은 일정 기간을 주기로 인사이동을 하게 된다. 타 점포로 이동해간 팀장들은 또다시 나에게 주문을 하였고 신규 계약처, 납품처는 점점 늘어 갔다. 주말에도 제품 입고가 가능하다는 말을 들은 다른 곳에서도 주말이 되면, 급하게 물건 납품 요청이 들어 왔고, 매출은 늘어갔으며 사용량이 많다 보니 매입가격 협의도 잘 진행되어 이익도 계속 늘어 갔다. 간단하게 주말에 납품해준다는 것 하나로 만들어낸 매출이었다.

　사실 이 부분은 직장 생활 하던 시기 대기업 거래에서 내가 주로 사용 했던 방법이었다. 일반적인 중소기업의 영업사원들은 주말에 갑작스럽게 대기업 바이어의 전화가 오면 아예 받질 않는다. 쉬는 중에 전화를 받게 되면 일단 귀찮고 피곤해진다. 전화를 받아도 쉬는 날이라 차량 운행이 불가능하다는 식으로 말하곤 한다. 대기업의 구매팀은 물건을 준비하지 못하면 문책을 받는다. 그 부분은 곧바로 인사고가와 연결된다.

　이 부분은 직장인인 나에게 큰 기회가 되었다. 화물차 운행이 가능했던 나는 서울에서 충청도에 있는 회사의 제조 공장으로 냉동차를 운전해, 직접 물건을 싣고 주말에 납품을 하였다. 이 부분은 회사 내에서도 큰 이슈가 되었다. 저 친구는 쉬지도 않고 주말에도 자기 일에 최선을 다한다는 인식이 생겨났다. 몇 번의 어려움을 해결해

주고 나면 무조건적으로 주력 물품을 우리 회사로 주문해주셨다.

롯데, 신세계 등 대기업이라고 하는 곳에 납품 영업을 하는 동안 그 방법으로 협력사들 사이에서 매출액 1등을 차지 하지 못한 경우가 없었다. 물론 담당 바이어들도 나에게 항상 고마워했다.

회사 운영은 잘되는 듯 보였지만, 항상 불안감은 남아 있었다. 언젠가는 큰 업체들도 매출 감소의 원인을 찾고 휴일 배송을 시작할 것이며, 영업력을 더 강화할 것이다. 나라도 그렇게 할테니까. 이건 기술이라고 할 수 없는 주말 배송 기사만 구인해도 되는 일이니까 새로운 사업의 필요성을 느꼈다.

직영점 운영과 직영 식당 운영을 계획하고 장기적인 준비에 들어갔다. 직장 생활하던 중 직영점 오픈은 경험이 많았고 나의 전문적인 분야라고 생각했다. 기본적으로 투자 비용은 발생되겠지만 이미 충분한 자금이 마련된 후라 큰 걱정 없이 자신감 있게 사업을 진행하였고 1년라는 시간 동안 4곳의 직영점을 오픈하고 주차장만 400평이 넘는 대형 식당도 오픈하였다. 손대는 곳마다 대박을 터뜨렸다.

늘어나는 직원, 증대되는 매출과 통장 잔고, 숨가쁘게 달려왔었고 힘들게 노력해 왔던 시간이었다. 이정도면 성공 아닌가 하는 건방진 생각도 했다.

이 시절 골프를 배우기 시작했고 각종 모임에 가입했으며 나름 좋은 차를 타고 좋은 곳에 가서 식사를 하고 다녔다.

회사 일을 등한시했으며 직접 관리하던 현장과도 멀어졌다. 모두가 조심해야 한다는 초심을 잃어버렸다는 표현이 맞을 것이다. 나는 나름 뭔가를 이루었다고 생각했지만 모래 위에 세워진 초라한 작은 집이었던 것임을 나만 모르고 있었다. 나름의 여유와 행복을 누리고자 회사를 등한시한 시간이 지속되며 회사는 처참히 무너져 내렸다.

시간이 흐르고 예상했던 것처럼 큰 기업들은 유통업체 매입을 불허했고, 제조 공장과의 생산자 직거래만을 허락해, 제조 공장이 없는 우리 회사는 납품이 불가능 해졌고, 직영 점포들은 새로 생겨난 대형업체들에 새로운 컨셉의 대형 점포에 밀려 매출이 떨어졌고, 사장이 제대로 관리하지 않은 회사의 직원들은 적당히 일을 했으니, 나름 준비했다고 생각했던, 미래에 대한 대비는 전혀 되어 있지 않은 상태로 폭풍과도 같은 현실을 마주 하게 되었다.

"회사의 대표는 항상 미래를 준비 해야 한다."

여러 책에서 봤던 문장이다. 중소기업의 대표들은 유능한 인재를 고용해야 하며 그 인재들이 최선을 다해 노력하게 만들어야 하는 것이 대표이사의 가장 큰 책임이다.

어려움은 나로부터 시작된다

내가 일할 시간적 여유가 없고 내가 일을 챙기지 못한다면 나를 대신할 능력있는 직원을 준비했어야 했다. 하지만 내가 속한 계통 중소기업의 일반적인 직장인들 중 스스로의 노력으로 비젼을 만들어가는 인물들은 그리 많지 않았던 것 같다. 내가 다른 사람들보다 조금 더 노력한 것으로 실적이 올라가고 잘한다는 소리를 들었던 걸 생각해 보면 적당히 일하고 퇴근하고 급여 받는 것으로 만족하는 사람들이 많았던 것 같다. 낮은 월급에 상대적인 박탈감을 느끼며 일인 다역을 해야만 먹고 살 수 있는 중소기업 직장인들은 그 나름대로 애환도 많을 것이다.

중소기업의 CEO로서 쉬어서는 안되었다. 아무리 직원들을 믿더라도 끊임없이 관리를 해야 하며 그 사람의 한계를 넘는 능력을 발휘 할 수 있도록 격려하고 채근하며 만들어진 결과에 따라 보상해야 했다. 중소기업은 인원이 많지 않다. 특히나 우수한 인재는 더욱 만나기 어렵다. 뛰어나고 성실한 사람은 자기 사업을 하던지, 큰 회사로 스카웃 되었다고 보는 게 맞다. 작은 회사의 대표로 20인도 되지 않는 직원들이 하는 일조차 세세하게 파악하지 못하고 직원이 하는 일을 전문적이진 않더라도 제대로 알지조차 못하고 있으면 안되었건만, 적당히 회사가 돌아가며 적당히 돈이 벌린다고 회사에서 한걸음 떨어져 성공한 사람 흉내를 내며 편하게 즐기며 지내다 엄청난 폭풍을 얻어 맞은 그때가 지금도 부끄럽고 아쉽다.

대표이사가 일일 업무일지만 매일 검토해도 직원들의 업무 능력은 올라간다. 현장에서 같이 근무하면, 생산량이 늘어나고, 거래처에 방문하면 매출이 올라간다. 사장이 움직이면, 자금이 나오고, 신규 계약이 이루어진다. 그래서 중소기업의 CEO는 항상 가장 바쁘게 살아야 하며, 가장 열심히 일해야 한다.

현금 30억이 있다면, 세계 어디를 가서도 가격에 상관 없이 음식을 먹을 수 있다고 한다. 현금 150억이 있다면, 세계 어느 백화점에 가서도 가격표를 보지 않고 물건을 살 수 있다. 중소 기업의 CEO는 최소한 그때까지는 최선을 다해 노력해야만 하는 존재라고 지금은 깨우치고 있다.

가장 중요한 거래처인 하나로 마트와의 거래단절은 매출 감소와 원가 경쟁력의 하락을 가져왔다. 많은 구매량과 판매량, 탄탄한 기업과의 협력관계로 회사 경영의 기반이던 신뢰도 마저 하락해, 회사의 전 부분에서 매출 및 경쟁력 감소로 이어졌다. 강력한 구조 조정과 함께, 규모 축소로 이어져 1년 후엔 24명이던 직원이 나를 포함 3명으로 줄어들었다. 처음 회사를 설립한 그 시기로 돌아간 것이다.

잘못된 판단은 일을 힘들게 만든다

회사를 다시 살릴 수 있는 터닝 포인트가 필요했다. 나 자신이 회사 업무에서 손을 떼고 회사의 미래를 위해 노력하지 않은 부분은 생각하지 않고 오로지 제조 공장이 없어 거래가 단절 되었다는 생각만이 머릿속에 맴돌았다. 공장이 필요하다는게 나의 결론이었다. 제조 공장만 있으면 다시 살아날 수 있다라는, 아주 긍정적인 마인드로 제조 공장을 준비 하기 시작했다.

가장 믿을 수 있는 직원, 회사 설립부터 지금까지 나의 곁을 지켜준 두 명이 있으니 가능할 것이다 생각하며 희망을 갖고 공장을 알아 보기 시작했다. 제조 공장 설립만이 이 난국을 타개 해 줄거라 믿었고 그 방법밖에는 없다는 생각이 머릿속을 지배했다.

오랫동안 알고 지낸 동종업계의 어른을 통해 제조 공장을 만들어 줄 수 있는 귀한 분을 소개 받았다. 충청도 지역에 땅과 건물 인수 후 리모델링 및 신규 건축으로 제조 공장을 운영할 수 있는 부분이 있으며 큰 돈이 들어가는 부분이라 부족한 부분은 금융 기관을 통한 지원이 가능하다는 설명이었다.

즉시 가용자금을 확인 후 토지 매입 및 건설로 들어갔고 우여곡절 끝에 자가 공장을 가진 사업주가 되었다. 생산 라인 구축을 위해 대기업 구매팀과 일본으로 가서 기계를 수입하고 제조 공정 중 모르는 부분이 있으면 지인들을 통해 소개 받아 그 회사에 가서 직접 일하며 배웠다. 약 1년에 걸쳐 제품 개발을 하고 각 기업에 샘플 제출을 하였다. 전국에 판매되는 나만의 기술을 가진 브랜드 제품, 축산물을 이용한 획일화된 공산품을 만드는 게 목적이었다.

시간이 지나 공장 건물이 완성 되었을 즈음 주변 대표님들을 통해 제조 공장 설립을 도와 주셨던 소개 받은 지인이 토지와 건물 인수,

부동산 업체, 기계 수입 업체 등을 나에게 소개 하며, 뒤로 돈을 빼 먹을 목적으로 나를 만나고 알게 모르게 내가 사기를 당하고 있었다 는 걸 나중에야 알았다.

사업은 결국 대표가 스스로 노력해야 하며, 혼자서 감당해야 하는 게 CEO의 삶이라는 걸 또 한번 느꼈다. 힘든 와중에도 제품 개발은 이루어졌고 약 9개월의 샘플 테스트, 블라인드 테스트를 통해 우리 나라 최대 편의점에 입점 결정이 났다. 결국 혼자 해냈다. 노력하면 된다.

지금 이 시간 까지도, 시간을 쏟아부어 노력하면, 안되는 것이 없다는 생각은 여전하다. 약 2만 시간 이상을 최선을 다해 열정을 쏟아 부으면 안되는 일은 없다고 생각한다. 누구나 이름만 대면 알만한 외식업체 대표님께서, 누구라도 3년을 쉬지 않고 최선을 다해 열정을 쏟으면 그 사람은 전문가가 되고 그 식당은 맛집이 된다는 말씀을 하신 적이 있다. 지금도 그 말씀은 진리라고 생각한다.

행복도 어려움도 항상 가까이에 있다

월요일 편의점 본사와 최종 납품 협의를 끝내고 생산 일정 조율을 완료한 후 공장 전 직원과 축제의 워크샵을 다녀 왔고. 같은 주 금요일 저녁 뉴스에서 우리 회사 생산 제품의 주요 원료인 브라질산 닭고기의 전면 유통 금지가 발표 되었다.

브라질에서 수입한 닭고기가 전부 썩은 닭고기이며 브라질 현지에서 불법으로 약품 처리까지 한 먹을 수 없는 닭고기가 수입되어 국민의 건강을 해칠 수 있다는 농림부의 발표와 함께 전국 유통 판매 불가 통보를 받았다. 대체 가능한 원료는 국내산 뿐이었지만 원가를 맞출 수 없었고 수입 제품은 브라질산이 90%를 차지한다. 만들지도 못하고 팔지도 못하는 상황에 직면하여 약 8개월 후 더 이상 회사를 운영할 능력이 없어 결국 회사는 부도처리 되었다.

　열심히 노력했다. 모든 걸 쏟아 부었다. 하지만 운도 실력인가 보다. 우크라이나와 러시아의 전쟁으로 갑자기 기름값이 올랐다. 밀값도 오르고 빵값도 올랐다. 갑작스레 금리가 인상되고 부동산이 하락한다. 코로나로 인원 제한이 걸리고 영업금지 명령이 떨어졌다. 그 모든 것이 나의 노력과는 아무런 상관없이 이루어지고 있다.

　생을 포기하는 자영업자 소식을 듣게 되고 우울증으로 고생하는 사람들을 만난다. 결국 모든 책임은 대표가 져야 하고 그 상황에서도 멘탈을 부여잡고 돌파구를 찾아야 하며 다시 일어설 용기를 가져야 하는 게 기업 대표자의 정신이라 생각한다.

　단 한 가지 원료, 단 하나의 생산 라인만을 보유한 제조 공장으로 시작한 사업은 그 제품을 생산, 판매 하지 못하는 상황이 되자 회사는 나락으로 떨어졌다. 조금 더 깊게 고민하고 문제가 발생할 경우를 대비하여 여러 제품을 동시 생산 판매가 가능한 구조를 만들었다면, 그나마 해결책을 찾을 수 있지 않았을까 생각을 하게 되었다.

하나에 올인하여 성공할 수 있다면 더할 나위 없이 좋겠지만, 닭가슴살 소시지 한 품목만으로 월 1억 이상의 순이익을 올리는 회사도 있긴 하지만, 나에게는 그런 운이 찾아 오질 못했던 것 같다.

하루가 멀다 하고 날아오는 고지서, 계속되는 빚 독촉장, 법원 집달관의 방문, 멈추지 않는 전화벨 소리, 보통의 사람들은 경험해 보기 힘든 상황이다. 정말 하루하루가 지옥이었다.

장치산업인 제조업은 직장인이 돈을 모아서 한다는 개념은 성립되지 않는다. 규정에 맞는 식품제조공장은 생각보다 큰 자금이 투입된다. 월세로 건물을 빌려도 기본 시설 자금만 몇 억 단위가 넘어간다. 기계류를 추가하면 또 몇 억원, 원료 구입 및 완제품 재고에 대한 자금 회전율을 생각하면 최소 10억 원 이상의 자본이 필요하다.

토지를 매입하고 건물을 지어 운영하는 자가 공장은 몇십억 단위의 자금이 투여되는 일이다. 금융 기관의 도움을 받지 않고서는 거의 불가능한 일이다. 나 역시 금융기관의 도움을 받아 토지 및 건물을 매입하고 회사 경영의 한 축을 금융 자본을 통하여 유지하였기에 매출 감소와 이익 감소는 대출금 상환과 이어지는 공장, 집까지 경매를 당하는 상황으로 갔다.

바닥으로 추락한 자존감과 모든 것을 잃어버린 상황에서 가족의 생활비를 걱정해야 하는 하루하루는 나에게 너무 큰 어려움으로 다가왔다.

회사는 폐업 처리 되고 당장 생활비를 걱정할 상황에 직면했고 예전 내 회사에 물건을 납품하던 회사에서 직원으로 근무해야 했다. 내 집을 가졌던 사람이 작은 월세 집부터 다시 시작해야 했다. 다행히 현장 경력을 가진 사람이 필요한 곳이 많아 야간에는 제조 공장 박스 해체 알바로, 주말에는 배송 알바로 이곳 저곳 투잡, 쓰리잡을 하며 생활비를 벌었다.

경제적인 어려움으로 가족들의 생활까지 힘겨워졌다. 아이들이 원하는 것을 못 사주는 괴로움, 투잡, 쓰리잡을 하며 열심히 일하지만 아이들이 커가면서 늘어갈 교육비를 생각하면 눈앞이 캄캄했다. 언제 돈 벌어서 빚 갚고 다시 안심하고 지낼 수 있는 우리 집을 장만할 수 있을까 생각하면 미래가 보이지 않았다.

가장 큰 아픔은 아이들의 전학이었다. 친구들과 헤어지고 전혀 새로운 동네로 이사해서 새로운 친구들을 만나야 하는 아이들에게 너무도 미안하였다. 아이들이 무슨 잘못이 있어서 고통을 받아야 하는가? 옛날 집에 가고 싶다고 떼 쓰던 둘째의 모습이 지금도 눈에 선하다.

결혼하고 처음 장만한 내 집은 누구인지도 모르는 사람에게 경매로 넘어가고 갑작스럽게 내가 살던 집의 새로운 집주인인 낙찰자로부터 전화를 받아야 했던 아내의 심정은 어땠을까?

나는 하고 싶은 일을 해 봤고 자가 공장을 소유한 기업의 대표로,

해외 연수도 다니고 여러 사교 모임도 다녀봤으니 후회는 없다 할 수 있겠지만 가족들이 나 때문에 어려운 생활을 해야만 했다.

회사가 부도 난 그 시기 내가 마음을 잡지 못하고 있을 때, 죽고 싶다는 충동이 계속 될 때 〈과속 스캔들〉이라는 영화에서, 배우 박보영이 식당에서 일하며 하루종일 식당 의자에 앉아있는 아들을 보며 웃음 짓는 모습이 떠올랐다.

행복하고 사랑스러운 눈빛과 웃음을 짓는 박보영이었지만 나는 그 장면을 보면서 너무도 가슴 아팠다. 그 시기 이미 회사가 어려운 시기였으니 내 아내와 아이들에게 영화 속의 장면 같은 상황이 올까 너무도 두려웠다.

닥치는 대로 일했다. 업무 시간 이후 어디든 불러만 주면 달려갔다. 시간당 1만 원이라는 돈이 나에게는 너무 소중했다. 야간에 2시간 정도 일하고 주말 이틀 동안 8시간 정도 일할 만한 곳을 찾았고, 약 2년 정도 지나며 아내의 절약 정신 덕분에 생활은 점차 안정되어 갔다.

성실한 삶은 또 다른 기회를 얻는다

바닥에서 다시 시작하다

열심히 다친 몸과 마음을 치유하며 노력하고 있을 때, 주변 제조 공장 대표님께서 지방으로 이사하신다며 자기 공장을 인수할 것을 부탁하셨다. 납품할 거래처도 인수할 돈도 없다고 말씀 드렸더니 돈은 천천히 벌어서 한 달에 얼마씩 분할 납부해도 된다고 말씀하셨다. 다시 한번 사업의 도전을 고민하고 있을 무렵, 아는 지인께서 시작 단계의 프랜차이즈 업체 관계자 분들과 찾아오셨다. 제조 공장이 필요한데 혹시 공장을 소개 해 줄 수 없겠냐는 말씀을 하셨다. 이렇게 또 기회가 오는구나 생각되었다.

아내와 상의하였더니 사업은 안 했으면 좋겠다고 하였다. 잘 될 때는 좋지만 그동안 너무 힘들었다고, 그나마 열심히 노력해서 벌어주는 돈이 그렇게 크진 않지만 안정되고 마음 졸이지 않아서 좋았었나 보다. 일정 기간 회사를 계속 다니며 야간에 나만의 공장 운영을 병행하였다. 퇴근해서 야간에 제품을 생산하고 모자란 수량은 주말에 아내과 친형 가족, 처형 가족들에 도와달라고 부탁하여 같이 일을 하였다. 그렇게 자그마한 공장을 다시 시작하게 되었다.

돈을 벌기 위해서 인원을 줄여야 했고 연장 근로 수당이 아까워 새벽 일찍 출근하고 밤늦게까지 혼자 일하고 청소를 했다. 주말에는 가족들과 그동안 알고 지냈던 주변 회사의 경력 있는 직원들에게 알바비를 주고 도움받으며 2년이라는 시간을 보내며 다시 도약의 기반을 만들었다.

법인 회사를 운영할 때는 회사의 돈을 마음대로 쓸 수 없었고, 돈을 벌었다고 하더라도 회사 통장에 남아 있어야 했지만 개인 회사를 운영하면서 일단 남는 돈은 다시 회사로 보내는 한이 있더라도 아내 통장으로 보냈다. 매달 급여 날이 되면 아내는 무슨 적금 타는 기분이었단다. 내가 전에 벌어오는 급여와 알바비를 다 합치면, 그리 작은 금액은 아니었겠지만 사업해서 버는 돈은 급여자가 생각하는 금액 보다 의외로 높다.

차분히 기반을 마련하며 주부 사원 세 명과 함께 시작한 회사는 15명까지 늘어났고 나름 매출도, 수익도 나쁘지 않았다. 직원들 급여 올려 주는 재미도 좋았다. 그러나 어려움은 금새 다시 찾아 왔다.

노력해도 안된다는 말은
부끄러운 변명

    코로나 19가 시작되었고 주변의 여러 회사들이 도산하고 잘 알고 지내던 몇 분들께서 세상을 등지는 일도 생겼다. 어려움을 겪으며, 힘든 시간을 보내던 주변 중소기업 대표들께서 나를 찾아오시는 경우가 많았다. 내가 먼저 어려움을 겪은 부분을 아시고 조언을 얻으러 오셨을 때, 내가 해 드릴 수 있는 말은 "시간이 지나면 해결된다고, 나쁜 생각 하지 말고 욕을 먹어도 그냥 버텨라. 지나고 보면 아무것도 아니다."라고. 하지만 몇몇 분들은 왜 그런 바보 같은 선택을 한 것인지 지금도 이해 할 수가 없다. 남겨진 가족들은 어떻게 살아가란 말인가? 코로나19는 그렇게 내 주변의 중소기업 대표들의 목숨마저 앗아갔다.

    납품 중이던 프랜차이즈 회사도 어려워졌고 동시에 우리 회사도 어려워져 많은 직원들이 그만두었다. 어떻게든 버텨야 했다. 힘들다고 포기도 못하고 더 많은 시간을 노력해서 일하는 방법밖에 없었다.

    최선을 다해 노력해도 내가 어쩌지 못하는 부분은 분명히 있다. 내가 원해서 코로나가 발생한 건 아니다. 나라에서 영업 제한, 인원 제한이 발표 되는데 어떻게 살아가야 하는가? 예전 회사가 부도날 시점에 나는 이런 일을 한번 겪어 보았다.

    수입 닭고기가 유통 금지 되었을 때, 국내산 닭고기를 원료로 사용하던 업체는 매출이 급상승했다. 코로나도 비슷한 상황으로, 사람들이 밖에 나오지 않으면서 온라인 사업, 배달 사업은 크게 번창했다. 아무리 어려운 상황도 포기하지 않고 평소에 예기치 못한 상황이 왔을 때 대응할 수 있도록 스스로 공부하고 담금질 하는 것이 CEO의 의무라 생각 한다. 항상 세상은 내가 원하는 대로 내가 계획한 대로 움직여 주지 않는다.

나를 힘들게 하던 코로나 19가 나에게 또 한번 도약의 기회를 만들어 주었다. 국내 최대 온라인 플랫폼에서 코로나로 인한 매출 증가로, 제조 공장이 추가로 필요한 상황이 지속되었고 일정 규모 이상의 규정에 맞는 제조 공장만 있다면 입점 가능한 기회가 생겨났다. 소규모 공장을 가지고 있던 나는 규모 있는 공장을 확보하기 위해 여기 저기 도움을 요청 했고 많이도 거절 당했지만 의외로 예전 내가 부도난 지역에서 해결책이 나왔다.

회사를 폐업하던 시기 힘들어하면서도 어떻게든 살아나려 노력하던 나의 모습을 지켜보셨던, 예전 지인들께서 길을 열어 주셨다. 월세이긴 하지만 규모 있는 건물과 시설과 기계를 구입할 수 있는 자금을 융통해 주셨고 재기하라고 응원해 주셨다. 다만 지역이 경기권에서 충청권으로 바뀌어야 하는 부분은 해결해야 할 문제였다.

아내와 꽤나 긴 시간을 상의하였다. 아내는 나의 선택을 존중해 주었다. 공장 준비가 끝나고 생산이 시작될 때까지 몇 개월 동안 수입 없이 버텨야 했다. 거기다 아이들 학교 전학도 큰 문제였다. 특히 큰아들은 또 전학해야 한다는 두려움마저 갖고 있었다. 한동안 고민하고 가족들과 상의 한 끝에 충청권으로의 이동을 결정했다.

경기도에서 충청도로 출퇴근이 시작되었고, 출퇴근 시간만 4시간 이상이 소비되었다. 출퇴근 하는 시간이 아까워 방송을 틀어 놓고 자기 계발, 경제, 주식, 부동산, 재테크 등등 도움이 될 만한 모든 부분을 들었다. 독서 할 시간이 없어서 고민이었는데 책 읽어 주는 방송도 좋았고 이동 시간이 길다 보니 생각을 정리할 시간이 많아서 좋았다. 하루 업무 스케쥴을 출근하는 동안 머릿속에서 정리하고, 휴대폰 녹음 기능을 통해서 녹음하고 기록하였다.

6개월 후 대기업 입점이 확정되어 계약서 작성을 한 후, 회사 주변에 월세를 얻어 주말 부부 생활을 시작했다. 아내도 힘들겠지만 아빠 없이 생활하는 아이들도 힘들어했다. 또 한번 가족에게 죄를 짓는 심정이었지만 더 이상 힘들지 않으려면 더욱더 열심히 노력하는 수밖에 방법이 없었다.

아이들과 함께 보내는 시간 정말 중요하다. 하지만 돈이 없어 괴로운 생활을 한번 경험해 보고 나면 그런 말은 사라질 것이다. 최선을 다해 돈을 벌어야 한다.

혼자 지내니 일찍 출근할 수 있고 늦게 퇴근해도 돼서 좋았다. 회사에 늦게까지 남아서 밀린 업무 처리도 하고 독서도 하고 걸려 오는 전화도 없어 생각을 정리할 시간이 많아졌다.

공장 내 각종 시설물 공사와 HACCP 인증, 납품할 대기업의 어려운 품질 검사를 통과하고 첫 납품이 시작되었을 때, 또 하나를 이루었다는 자신감과 충만감이 차올랐다. 하루 5박스의 제품을 생산하던 공장은 급격히 규모가 불어났다. 첫 야근을 하게 되었을 때, 회사 직원 중 한 명이 "전 직장에 다닐 때 코로나로 일이 없어서 눈치가 보였는데, 야근을 하더라도 일이 많은게 좋아요"라고 말을 했다. 야근 할 정도의 일거리가 생겨서 축하드린다는 말과 함께.

다시 사업을 재개한 지 3년 정도 되었다. 2023년이 몇 개월이 지나지도 않았지만 이미 전년도 매출이 넘어가고 있다. 매달 신제품을 출시하고 판매 지역을 넓혀가고 있다. 숨가쁘게 달려온 지난 1년이었고 이제는 실패를 되풀이 하지 않기 위해 회사의 시스템을 갖추어야 할 시기가 되었다고 판단했다.

예전에 내가 실패한 가장 큰 원인을 되돌아보면 대표자인 내가 공부하지 않고 지속적으로 업무에 집중하지 않았다는 것이다. 직장생활 하면서 매일 쓰던 일일 업무 일지를 쓰지 않았다. 대표자가 되고 내 업무를 관리할 높은 사람이 없으니 어느 순간 나태해졌다. 일일 업무 일지는 하루하루 스스로의 계획과 목표를 실천하는 가장 기본적인 노력인데 기본을 충실히 하지 않았으니 회사가 잘 될 리가 없었을 것이다. 지금은 다시 신입사원으로 돌아가 30분 단위로 업무 일지를 쓰고 있다.

독서를 등한시 했다. 생각해 보면 예전 입사를 처음 했을 때부터 경영 관련 서적, 자기 계발 관련 서적 등 여러 분야의 책을 읽었었다. 독서를 하다 보면 자극 받는 부분이 많아서 나도 모르는 사이 열심히 노력 하게 된다. 독서를 멈추는 순간부터 스스로의 발전은 멈추었고, 그 때부터 회사의 발전도 멈추었다는 생각이 지금도 많다.

매일 일정 시간의 독서를 목표로 설정 하고, 달성하기 위한 노력을 하고 있는 중이다. 요즈음은 뛰어난 작가들도 많고, 자수성가한 분들도 많고, 강의 들을 기회가 많아 회사 운영에 많은 도움을 받고 있다. 열심히 노력하고 있지만 가장 어렵게 느껴지는 부분은 회사의 시스템을 잡고 업무 매뉴얼을 만드는 일이다. 직원 각자가 해야 할 일들을 이해하고, 기록한 후 모든 인원이 규정에 맞게 업무를 해야 하는데, 문서로 만들어 교육하는 과정이 너무 어렵다. 모든 부분을 직접 지시해야 하고, 모든 부분을 직접 기록 해야만 했다. 특히나 업무 공정의 확인 및 검토 가능한 과정을 만들기는 더 어렵다. 벌써 몇 개월의 시간을 투자 했지만, 앞으로도 갈길이 멀다. 내가 회사에 없어도 회사가 무리 없이 운영 될 수 있으려면 철저히 매뉴얼 대로 지켜져야만 한다.

한번의 실패로 충분하다 생각 한다. 지옥 같았던 시간을 다시는 겪고 싶지 않다. 그 간의 경험을 통해, 제품 판매 군을 늘리고, 더 이상 생산을 할 수 없을 정도로 주문량이 늘어나면, 바로 2공장을 건

설할 것이다. 그리고 자체 점포와 직영 식당도 운영할 것이다. 기회가 된다면 프렌차이즈 사업도 진행 하려 한다. 이제는 멈추지 않으려 한다. 어떤 어려움이 와도 멈추지 않고 전진만 하며, 사세 확장을 위해 노력 할 것이다.

올해 대학을 졸업한 젊은 청년들을 영입하였다. 장 시간의 교육을 통해 내가 자리를 비워도, 나보다 더 뛰어난 자질과 능력으로 회사를 이끌어 나갈 수 있는 인재로 키우고 싶다. 회사는 결국 사람 싸움이라 생각 한다. 우수한 인재를 중소기업에서 만나기란 참 어려운 일이다. 일류 대학을 나온 사람이 중소기업에 지원하진 않으리라 생각하며, 자신의 능력을 신뢰하고, 사업 시작을 생각하는 사람 역시 회사는 거쳐 가는 곳 정도로만 생각할 가능성이 높다. 하지만 열심히 노력해 외형을 갖추고, 성장을 지속하면, 우수한 인재들이 회사에 들어오게 된다. 그 시기가 언제가 될지는 모르지만, 그런 인재들이 회사에 자리잡고, 회사를 위해 최선을 다해 노력해 줄 때까지 나는 쉴수 없으리라 생각한다.

약 2년여 기간을 노력하여, 지금은 누구나 알만한 대기업을 통하여 우리 회사의 제품이 전국으로 유통 된다. 지금 이곳 공장은 축산물에 관련된 거의 모든 제품은 다 생산이 가능하다. 직원 숫자도 많이 늘어 났다. 그 간의 축적된 울분을 토해내듯 늦은 밤까지 노력한다. 아직은 큰 성공을 거두었다 말할 수 없지만, 목표를 위해 노력하는 이 시간이 너무 즐겁다.

현재 나에게 가장 중요한 것들

육가공이라는 사업

현재 운영 중인 우리 회사를 흔히들 육가공 업체라고 한다. 육가공업은 제1생산자(소, 돼지 사육농가), 제2생산자(도축장 운영업체), 제3생산자(소, 돼지 발골 가공업체), 제4생산자(소, 돼지의 부위육을 단순히 절단하는 업체), 2차 육가공업체(양념육, 소시지 등 생산 업체)로 구성된다. 예전 운영했던 공장은 2차 육가공 업체였고 지금은 제3생산자 일을 하고 있다.

2차 육가공 업체는 상당한 시설 기반과 기술력, 많은 자금력을 필요로 한다. 그래서 주로 대기업(롯데햄, 백설햄, CJ, 목우촌 등) 위주로 편중되어 있다. 한번 분위기를 타면 특별한 문제가 발생되지 않는 한 지속적인 이익을 추구할 수 있는 좋은 사업이다. 큰 규모의 생산라인과 엄청난 제조설비, 많은 자본, 전문적인 기술과 대규모의 판매처 확보 등 중소기업으로서는 진입 장벽이 상당히 높다.

현재 운영 중인 회사는 제3생산자에 해당한다고 할 수 있다. 단순히 원료육을 절단하여 각 가정에서 쉽게 먹을 수 있도록 200g~2kg 까지의 소형 포장 상품을 만들어 판매 한다. 시설비용, 운영 비용이 그중에서 가장 적게 든다고 할 수 있고 큰 기술력이 필요한 부분도 아니어서 사업에의 접근성이 좋다.

원료가 되는 소고기, 돼지고기는 인터넷으로 전국에 매일매일 가격이 고시되고 있어 원료를 저렴하게 매입 할 수 있는 특별한 방법은 사실상 많지 않다. 단지 많은 물량을 구매하고 구입 대금을 즉시 현금 지급하는 것으로 가격을 낮출 수 있어, 역시 자본력이 좋은 회사에 우위가 있다. 지금은 대기업도 자사 공장을 많이 신설한 상태이다.

원료육을 단순히 절단만 하면 되는 일로, 전에는 100% 사람이 손기술에 크게 의지해야 해서 기술적인 노하우가 많았다고 하였지만,

지금은 좋은 기계들이 나와서 기술력이 크게 필요치 않다. 비싼 기계를 한 대가 여러 명의 기술자 몫을 한다. 인터넷 상에서 '삼겹살'이라고 검색하면 많은 가격 비교가 이루어져 최저가가 자동으로 검색된다. 결국 비싸게 팔아서 수익 내는 일도 힘들다.

상당한 레드오션이며 돈 벌기 쉽지 않은 사업 분야이다. 대표가 직원들과 함께 현장에서 일하며 대표 본인 몫은 본인 스스로 벌어야만 유지되는 경우도 많다. 힘들고 어려운 사업이긴 하지만 항상 느끼는 부분은 몇몇 대형 업체 및 공기업을 제외하고 축산업의 근간을 이루고 있는 주체는 중소기업이 대부분이다.

나와 같은 중소기업의 대표들은 사실 미래를 위해 새로운 사업을 준비하거나 5년 또는 10년 뒤의 사업을 준비할 정도의 안목이 없다는 게 현실이며 안목이 있다고 하더라도 실현할 때까지 지속적으로 투자할 자본이 없다. 고수익 창출이 어렵다는 부분은 결국, 연구 개발 분야에 투자가 어려운 것이 현실이다. 반대로 천천히 연구하고 준비하면 좋은 기회를 맞을 수 있다는 미래에 대한 희망도 가질 수 있는 분야이기도 하다.

2차 산업혁명이 시작된 1900년대 전세계의 인구는 약 20억으로 추정되고 있다. 대한민국은 노령화와 저출산으로 인구 감소가 심각하게 대두되고 있지만 전 세계 인구는 지속적으로 증가하고 있고, 1987년 약 50억명으로 추산하는 세계 인구는 2023년 약 80억 명으로 증가 하였다 한다. 세계적으로 문제가 되고 있는 부분 중 식량 전쟁이라는 부분도 역시 큰 쟁점으로 보여지며 특히 단백질 공급이라는 부분은 앞으로 시간이 가면 갈수록 더욱 중요한 부분으로 대두될 가능성이 크다.

이러한 부분에 있어서 사람이 살아가는데 필요한 동물성 단백질 공급원이 되는 축산육가공 사업은 향후 중요한 5차 식량 산업으로 발전할 가능성이 클 것이라 전망한다.

사람에게 가장 필요하고 기본적인 의식주 중 가장 중요한 단백질 공급원인 육류사업은, 인간이 살아감에 있어 이어져 갈 수밖에 없는 사업이라는 생각에는 변함이 없다. 예전에 동네 정육점에서 쉽게 사 먹을 수 있었던 국내산 한우, 국내산 돼지고기는 이제는 돈 많은 사람들이 먹을 수 있는 고급 음식과 비싼 식재료가 되어 가고 있고, 인터넷으로 최대한 저렴한 가격의 수입 돼지고기, 닭고기를 먹는 가정이 점점 늘어 가는 실정이다.

　우크라이나 전쟁이 발생된 이후 미국의 곡물 가격이 올라가서 가축 사료로 공급할 옥수수가 모자라는 상황이라 한다. 향후 동물성 단백질의 공급은 어려워질 것으로 판단되며 이에 대한 준비를 우리 축산 업체도 대비 해야 할 것이다.

　남들과 같은 형태로 많은 사람들이 경쟁을 해야만 하는 육가공 이라는 사업 분야는 내가 시장 통제가 불가능한 오로지 '생존'을 영위하기 위한 발버둥밖에 되지 않으며 엠제이 드마코가 쓴 『부의 추월 차선』에서 말한 추월 차선은 내가 통제할 수 있는 새로운 길과 방법을 만들어 내야만 한다는 것이다.

　공장을 새로이 시설 하면서부터 현재까지 개발 중인 새로운 유형의 육가공 제품이 우리 육가공 사업 전반에 거쳐 한 획을 긋길 바라고 있으며, 육가공 사업 전반에 파장을 일으키길 기대해 본다. 많은 어려움과 시간이 투여되고 시행착오가 있겠지만 끈기 있게 노력해 꼭 이루어 내리라 다짐한다. 단 하나의 제품이 회사의 운명을 좌우할 수 있다는 믿음으로 열심히 노력 할 것이다.

인생의 책 한권

대표가 열심히 독서한다는 걸 알게 된 직원이 자신의 월급날 책을 한 권 선물해 주었다. 『세이노의 가르침(피보다 진하게 살아라)』 그동안의 경영 서적이나 자기 계발서와는 차원이 다를 정도로 나에게 충격을 주었던 책이며, 몇 번을 되풀이 하여 읽는 동안 지금까지의 내 모습이, 부끄러울 정도로 노력하지 않는 모습이구나 하는 생각이 들게 만들었다.

나름의 노력을 하고 있다고 생각하고 나름의 자만심에 빠져 있는 내 생각과 습관을 바꾸어 주는 계기가 된 책이었다. 내가 원하는 시간적, 경제적 자유를 누리는 기업인의 모습이 아닌, 실제 나와 같은 중소기업 회사의 대표가 얼마나 노력해야 하는지 어떻게 다시 일어나 도전해야 하는지를 알려 준 책이며 회사 상황에 즉시 적용 가능한 길잡이와 같은 책이었다.(반드시 읽었으면 한다.)

작년부터 시작된 이 책의 집필을 잠시 멈추게 하고 초심으로 돌아가 현재 회사의 모습을 되돌아보며 노력하는 계기를 만들어 주었다. 나를 일깨워준 내용 중 가장 뇌리에 깊숙이 파고 들어온 문장은 '돈이 되는 시간' 이라는 문장이었다.

하루 24시간을 보내는 중 나에게 돈이 되는 시간은 몇 시간이나 될까. 글을 쓰고 있는 이 시간이 향후 돈을 버는 일에 도움이 될 시간일까?

특히 주말에 가족들과 도시 밖으로 벗어나 휴식하는 시간은 우리 가족에게 돈이 되는 시간일까?

이틀이라는 주말 동안의 시간을 돈이 되는 시간으로 바꾸기 위해서는 어떻게 해야 할까?

퇴근 후에는 어떻게 시간을 보내야 할까? 등 여러 생각이 꼬리를 물고 이어졌다.

아내와 아이들과 대화를 한 후 특별한 약속이 없는 휴일은 회사 사무실에 가기로 했다. 나는 지난 주간 동안 회사 업무 정리와 다음 주 진행할 업무 계획, 독서, 집필 시간 등이 확보되어 좋았으며, 아내는 회사 앞 강변으로 가족들이 함께 산책을 할 수 있어 좋아했다.

아이들은 사무실에서 자신의 숙제, 공부 등을 끝내는 순간부터 좋아하는 게임, 또는 유튜브 시청 등 하고 싶은 걸 간섭없이 할 수 있게 되어 좋아 했다. 주말 이틀 동안 나는 많은 시간을 확보 할 수 있었으며, 지금은 그냥 흘려 보내기 너무도 아까운 시간이 되어 버렸다.

요즈음 제품 개발과 미래 사업에 대한 준비는 거의 주말 동안 이루어지며, 협력사 연구소장님이나 투자회사 대표님 역시 주말 시간에 자주 만나서 회의를 한다. 이미 이분들을 포함 많은 분들이 그렇게들 주말을 이용하고 계셨다 하니 나는 아직도 많은 부족함을 느낀다. 그 분들 회사규모나 부의 규모가 나와는 비교하기 부끄러울 정도로 큰데, 그러한 분들도 지속적으로 노력해 오셨다 한다.

퇴근 후에 집에 돌아오면 핸드폰은 식탁 위에 놓아둔다. 거실에 앉아 독서와 글쓰기를 하다 보면, 아이들도 자기 공부를 마치고 같이 책을 보고 있다. 부모가 자식의 거울이라는 옛말이 생각 나고 지금껏 지내온 내 생활을 반성하게 만드는 부분이었다. 사실 일찍 퇴근한 적도 거의 없지만, 가정에서의 나의 생활 습관이 아이들의 생활 습관 형성에도 많은 영향을 미친다는 생각이 들었다.

사람은 고쳐 쓰는 게 아니라는 말을 많이들 한다. 세이노의 가르침에도 비슷한 얘기가 자주 나온다. '20대 후반 30대 초반은 바뀔 수 있다. 40대는 노력하는 소수 정도는 변화 가능성이 있다. 50대는 아예 기대 하지 않는다' 는 구절은 한번 해보겠다는 다짐을 하게 만들었고, 50대도 변할 수 있다는 걸 보여 주겠다고 다짐했다.

매일 더 일찍 출근해 직원들 출근 전에 아침 운동과 독서를 이어나가고 있다. 몇 개월이 지나서 이제는 아침 운동을 해야만 몸이 편한 상황이 되었고, 책을 읽는 시간이 즐거워졌으며, 무엇보다 책 읽는 속도가 많이 빨라졌다. 약 3개월밖에 안되는 시간이 나의 습관을 많이 바꾸고 있고 앞으로도 꾸준히 지속 되길 희망한다.

회사 환경 역시 예전에 비하면 많이 좋아졌다. 일단 매일의 업무 시간을 30분 단위로 쪼개어 계획하고 계획된 일은 반드시 실행하려 노력하며 특히 모든 일을 내가 직접적으로 챙기고 확인하고 있다. 직원들을 신뢰하지만 그래도 관리하고 확인하는 과정은 필수라 생각한다.

현장을 잠시 멀리한 순간 고객이 아닌 직원들의 기준에 맞추어 상품의 규격이 바뀌고 제조 공정이 바뀌는 등 문제점이 발견 되어 회의를 크게 좋아하진 않지만 약 3개월간 일일 간부 회의를 무조건 소집하였고 회의를 진행 하려면 나 역시 업무 내용을 파악해야 하며, 직원들에게 질책 또는 업무 지시를 하기 위해서는 나 역시 직원 한 사람 한 사람의 업무를 깊이 있게 고민하고 확인해야 했다.

회의 결과로 도출된 업무의 실행 부분을 확인 하기 위해 시간을 쪼개어 매일 확인 검토하며, 3개월이라는 시간 동안 각 직원들이 해야 하는 일의 세세한 업무 배정 및 업무 매뉴얼을 더욱 세부적으로 만들었다.

앞으로도 많은 시행착오와 노력이 필요하겠지만 회사 시스템의 개발을 직원들과의 협의와 회의를 통해서 이루어 가고 있다. 덕분에 직원들 개개인이 책임감을 가지고 노력하는 업무 문화가 만들어지고 있으며, 3개월이 지난 지금 월간 생산량이 약 25% 가까이 상승하였고 특히, '사장님 이건은 이런 부분 때문에 어렵습니다' 라는 말도 더 이상 듣지 않게 되었다. 노력하니 가능하다는 생각을 직원들 스스로가 느끼며 변화 하고 있는 중이라는 생각이 든다. 사장은, 힘들지만 지속적으로 노력하고 공부해야 하며 공부하는 시간조차 돈이 되는 시간인지 아닌지를 잘 판단하여 올바른 선택을 해야 회사는 살아 남는 거라 생각한다.

나이 드신 멘토님들

회사를 운영하는 대표 입장에서 가르침을 주는 멘토는 꼭 필요하다. 하지만 동종 업계의 멘토를 만나기는 참 어렵다. 모두가 잠재적인 경쟁 업체가 될 수 있기 때문이다. 회사를 운영하면서 큰 힘이 되어 주시고 도움을 주시는 분들은 의외로 나와 전혀 상관없는 분야에서 일하시는 분들이며 그러한 만남을 통하여 현재 회사 운영에 많은 도움을 얻고 있다.

다시 회사를 시작하는 과정에서 만난 몇몇 분들은 우리 회사와는 전혀 관련 없는 투자회사 대표, 국세청을 퇴직하신 회계법인 대표, 건강과 수면을 연구하는 바이오 사업 대표 등 나와는 전혀 다른 분야의 분들이다.

기업의 비전(Vision)과 미션(Mission) 설정, 사업의 목적(Goal)과 목표(Object) 설정, 자본조달, 마케팅 등을 그분들께 배워가며 다시 재조정을 하고 있다. 직장 생활 10년 이상, 기업 운영 약 10년을 하면서도 비전과 미션, 사업의 목적과 목표라는 개념조차 혼동하고 있는 내 자신이 많이 부끄러웠다. 일요일이면 어김없이 멘토들을 만나 강의를 듣고, 토론을 하고, 아이디어를 검토 받으며 미래에 대한 고민을 하고 있다. 일요일 오후 3시간 동안 이어지는 강의 시간은 너무도 많은 배움이 있는 감사한 시간이다.

회계법인 대표님께 재무에 대해서 배우고 투자회사 대표님께 미국과 유럽의 투자 사례를 적용한 사업계획서 작성, 실현 과정을 배우며 타 업종의 대표님들께 마케팅 실무 기법을 배우고 있다. 기업을 운영하면서 가장 중요한 자금 부분 역시 도움을 받고 있고 스스로 최선을 다해서 노력하고 발전하는 모습을 보여 드리며 그분들의 신뢰에 답하려 노력하고 있다. 이 모든 것은 무료 강의이다.

매주 미션을 주신다. 정해진 1주일이라는 시간 동안 사업 계획의 작성 및 신제품 개발 진행 상황 보고, 시장 현황의 조사와 이해, 목적과 목표의 재설정, 그에 따른 전략과 전술 계획, 모든 부분의 수치화까지 쫓아가기 너무 힘겹다. 하지만 해내라 하신다, 시간을 쪼개고 효율성을 높이는 연습을 지속적으로 하라 하신다. 아직은 더 많은 트레이닝을 받으며 일주일에 2권 이상의 책을 읽고 공부하라 하신다. 이겨내야 부자가 될 수 있다고 담금질하시고 있다.

가진 것 없는 나에게 왜 이렇게 잘해 주시는지 여쭐 때면 항상 하시는 말씀이 대표의 인성을 보고 미래를 위한 투자를 하시는 거라 하신다. 본인들 역시 바쁘고 할 일이 많으실 텐데 열정 가득한 일흔에 접어든 나이 드신 분들의 모습을 보고 있자면 한없이 부끄러워진다. 앞으로 기대 수명이 늘어가니 30년은 더 일할 생각 하고 천천히 준비하고 끝없이 노력하라 하신다. 지속적으로 노력하는 모습과 발전하는 모습으로 보답하겠다고 다짐하며 오늘도 열심히 일한다.

아버지의 선물

　가장 존경하는 인물이 누구냐고 물으면 당당히 '아버지'라고 대답했다. 50대에 접어들면서 부모라는 입장을 생각해 보면 대단하다라는 생각밖에 들지 않는다. 교직 생활을 하시다 퇴임하신 아버지께서는 안동에 자리를 잡으시고, 취미 생활로 붓글씨를 시작하셨다.
　나름 한 · 중 · 일 한자문화권에서는 가장 이름이 높다는 '초정' 선생님의 제자가 되셨다. 한여름 부모님 댁에 갈 때면 온몸에 땀을 흘리며 붓글씨를 쓰시는 아버지의 모습을 본다. 글 쓰는 게 너무 재미있다고 하시면서 퇴직 후 약 20년 가까이 글을 쓰고 계신다. 본인 실력을 검증 받아 보고 싶다며 각종 공모전에 출품하여 대상, 최우수상, 우수상, 금상 등 많은 수상을 하시고 지금은 각 공모전의 초대 작가로 심사 위원으로 활동하고 계시며 안동시 문화예술인으로 등록 되시고, 국가에서 공인하는 예술가 인증도 받으셨다.
　아버지께서는 항상 꾸준함을 강조 하셨다. 잘 하지는 못하더라도 꾸준히 오랫동안 노력하면 재능의 부족함이 있더라도 남들에게 인정 받을 수준으로는 충분히 올라 갈 수 있다 하셨다.
　중요한 분들게 아버지 작품을 선물해 드린다. 받으시는 분의 성함을 넣은 작품을 선물해 드리는데 일반적인 미술 작품은 구입하면 되지만 작가가 직접 받을 사람의 이름을 넣어 작품을 주는 경우는 흔치 않다. 일년에 단 몇 분께만 그 선물을 해 드린다. 한 작품을 약 3

개월 이상을 연습하시며 받는 당사자에게 좋은 일이 많이 생기라 기도하며 써 주신단다. 결국 아들 좀 많이 도와 주라는 부모로서의 염원을 담아 글을 쓰시는 거다. 벌써 나도 50대인데 여전히 아들 걱정이 되시나 보다.

아버지께서 회사에 작품 하나를 선물해 주셨다. '서해어룡동 맹산초목지' 이순신 장군의 시이며 모든 적들을 쳐부수겠다는 다짐을 나타내는 글귀이다.

『세이노의 가르침』에 나오는 '경제는 전쟁이다'라는 문장을 떠올리게 해주는 마음을 다시 가다듬을 수 있게 만들어 준 글이다. 잘 난 것 없고 재능이라고는 없지만 아버지의 당부처럼 꾸준한 배움과 노력의 성과로 회사를 이끌어 나가도록 앞으로도 노력하고 싶다.

월송 권세환 작가

Epilogue

   1998년 대학을 졸업하고 사회에 첫발을 디딘 이후 하루하루 열심히 살아왔다. 그냥 막연히 열심히 살아왔다. '10년 후에 10억을 모을거야' 처럼 세부적인 계획도 없는 단순하게 열심히 노력하는 삶을 살아왔으며 사업을 하고 있는 지금도 마찬 가지이다.
   회사를 운영하면서 나름 잘하고 있다고 생각하고 있었지만 모든 부분의 수치화를 하지 못하고 감으로, 본능적으로 일을 하고 있었다. 이 글을 쓰게된 계기는 지금까지의 나의 삶과 회사의 모습을 돌아보며 좀더 바른 방향으로 열심히 노력해야 한다는 마음의 다짐이다. 축산업이라는 외길을 걸어온 24년 동안 나의 노력이 바른 방향이었는지, 쓸데없는 시간의 허비였는지를 되돌아 보자는 반성의 의미로 글을 쓰기 시작했다.
   이미 한번 실패한 경험이 있지만 바닥부터 다시 시작해 지금도 목표를 위해 더 열심히 노력하고 있다. 가야 할 길은 아직 멀지만 미래의 성공한 나를 상상하며 다시금 나를 담금질 하고 마음을 굳건히 하기 위해 이 글을 쓴다. 이 글은 나 자신을 반성하고 회사의 발전을 위해 더욱 노력하자는 나의 다짐이다.

더 오래
더 멀리
더 지속적으로 갈 수 있는
내면의 힘을 더욱 단단히 굳힌다

CEO의 책상

초판1쇄 발행 · 2023년 7월 25일 발행

지 은 이 · 박수진 권구만 두민철 정대홍 권상재
펴 낸 이 · 유정숙
펴 낸 곳 · 도서출판 등
기　　획 · 우경하
관　　리 · 류권호
디 자 인 · 김현숙
편　　집 · 김은미, 이성덕

주　　소 · 서울시 노원구 덕릉로 127길 10-18
전　　화 · 02.3391.7733
이 메 일 · socs25@naver.com
홈페이지 · dngbooks.co.kr, 밝은.com

정 가 · 18,000원

- 이 책은 저작권법에 따라 보호받는 저작물이므로 무단 전재와 무단 복제를 금합니다.
- 이 책의 전부 또는 일부를 이용하려면 저자와 도서출판 〈등〉의 동의를 받아야 합니다.